GERA-SHERIFF
AMERICA

GERMAN BICKBAU (GERA SHERIFF)

GUÍA PRÁCTICA

ENCICLOPEDIA DE LA VIOLENCIA DOMÉSTICA EN LOS ESTADOS UNIDOS

PARA VÍCTIMAS,
ACUSADOS Y
SUS FAMILIARES

CONOCIMIENTOS PRÁCTICOS. SITUACIONES REALES. SOLUCIONES FUNCIONALES.
EXDETECTIVE DE LA POLICÍA DE EE. UU. • 23 AÑOS DE SERVICIO

German Bickbau

Detectiveretirado

Oficinadel Sheriffdel Condadode Broward (BrowardSheriff'sOffice)

23añosdeservicioenlasfuerzasdelordendelsurdeFlorida,EstadosUnidos

AutorypresentadordelcanaldeYouTube: youtube.com/@gerasheriff

2026

A mi esposa, Natalia

Gracias por tu amor, tu paciencia, tu apoyo y por creer siempre en mí.

Durante mis años de servicio, estuve rodeado de personas que necesitaban ayuda. Pero fuiste tú quien, durante todo ese tiempo, estuvo a mi lado para sostenerme a mí.

Gracias por recorrer este camino conmigo.

Sin ti, este libro nunca habría sido posible.

Índice

Sobre el autor

German Bickbau (GERA SHERIFF) es detective retirado de la Oficina del Sheriff del Condado de Broward (Broward Sheriff's Office, Florida, EE. UU.), donde dedicó 23 años al servicio de las fuerzas del orden en los Estados Unidos.

A lo largo de su carrera pasó de ser Deputy Sheriff (agente de patrulla) a detective de investigaciones criminales. Durante más de doce años investigó delitos graves, entre ellos homicidios, robos a mano armada, casos de violencia doméstica, delitos cometidos con armas de fuego, actividades de organizaciones criminales, pandillas de motociclistas, fraudes y otras investigaciones penales de alta complejidad.

En el desempeño de sus funciones trabajó en coordinación con agencias federales de los Estados Unidos, entre ellas el Federal Bureau of Investigation (FBI), la Drug Enforcement Administration (DEA), la Bureau of Alcohol, Tobacco, Firearms and Explosives (ATF) y el U.S. Immigration and Customs Enforcement (ICE).

Por su labor profesional recibió numerosas distinciones y reconocimientos, entre ellos la Medal of Valor de la National Sheriffs' Association, la Medal of Honor de la Broward Sheriff's Office, la Silver Cross, además de múltiples reconocimientos otorgados por agencias federales, estatales y locales de los Estados Unidos.

En 2019 fue distinguido como Detective del Año del Condado de Broward y, a lo largo de su carrera, fue reconocido en diez ocasiones como Detective del Mes.

Tras su retiro del servicio, creó GERA SHERIFF, un proyecto en idioma ruso cuyo objetivo es explicar, de forma clara y sencilla, cómo funcionan en la práctica la policía, las fiscalías y los tribunales de los Estados Unidos, así como ofrecer información sobre investigaciones criminales, la legislación estadounidense, la seguridad personal y los derechos de las personas.

Este libro no se basa en información tomada de Internet ni en planteamientos puramente teóricos. Está fundamentado en muchos años de experiencia investigando casos penales reales, trabajando con víctimas, sospechosos, testigos, abogados y fiscales, así como en la legislación vigente y en fuentes oficiales de los Estados Unidos.

Su propósito es ayudar al lector a comprender cómo funciona realmente el sistema de justicia

estadounidense, evitar errores frecuentes y tomar decisiones mejor fundamentadas en situaciones difíciles.

YouTube: *youtube.com/@gerasheriff*

Aviso legal

Este libro tiene fines exclusivamente educativos e informativos. No constituye asesoría legal, una interpretación oficial de la ley ni sustituye el asesoramiento de un abogado debidamente autorizado para ejercer.

Las leyes, la jurisprudencia y los procedimientos administrativos pueden cambiar con el tiempo. Además, muchas cuestiones relacionadas con el derecho penal y el derecho de familia se rigen por la legislación específica de cada estado. Por ello, la información contenida en este libro debe aplicarse teniendo en cuenta las circunstancias particulares de cada caso y la legislación vigente en el momento en que se analice o resuelva.

Si existe un peligro inmediato para la vida o la integridad física de una persona, debe llamarse de inmediato al 911. Para asuntos relacionados con el derecho penal, el derecho de familia o el derecho migratorio, se recomienda consultar a un abogado con licencia para ejercer en la jurisdicción correspondiente.

Prólogo

La violencia doméstica es uno de esos temas en los que la mayoría de las personas solo piensa cuando el problema les afecta a ellas mismas o a alguien cercano.

Hasta ese momento, muchos creen que esas situaciones les ocurren únicamente a otras personas. Sin embargo, un solo conflicto familiar puede desencadenar rápidamente la intervención de la policía, un arresto, una orden de protección, un proceso penal y problemas relacionados con los hijos, el empleo, la posesión de armas de fuego o el estatus migratorio.

Durante mis años como detective en los Estados Unidos investigué numerosos casos de este tipo. En casi todos, las personas hacían las mismas preguntas:

¿Por qué la policía realizó el arresto?

¿Se puede retirar la denuncia?

¿Qué pasará con los hijos?

¿Podré regresar a mi casa?

¿Qué debo hacer después de un arresto?

¿Qué errores pueden empeorar aún más la situación?

Precisamente por eso decidí escribir este libro.

Mi intención no fue redactar un tratado jurídico. Mi objetivo es explicar, con un lenguaje claro y accesible, cómo funcionan realmente la policía, las fiscalías y los tribunales de los Estados Unidos, por qué se toman determinadas decisiones y cuáles son los errores que las personas cometen con mayor frecuencia.

En estas páginas hablaremos no solo de la violencia doméstica, sino también de las órdenes de protección, el acoso (stalking), las amenazas, la violencia sexual y económica, la legítima defensa, los derechos de las víctimas, los derechos de las personas acusadas, los asuntos migratorios, las armas de fuego, los menores y muchos otros temas que forman parte de la realidad cotidiana.

Este libro no sustituye el asesoramiento de un abogado ni constituye una opinión jurídica. Mi deseo es que le ayude a comprender mejor cómo funciona el sistema de justicia de los Estados Unidos, a evitar errores frecuentes y a tomar decisiones más informadas cuando deba afrontar una situación difícil.

GERA SHERIFF

German Bickbau Detective retirado

Oficina del Sheriff del Condado de Broward Florida, Estados Unidos

CAPÍTULO 1

Cómo una discusión familiar se convierte en un caso penal

Durante mis años de servicio como oficial de patrulla y detective, investigué cientos de casos de violencia doméstica. Si alguien me pidiera identificar el error más común que comete la gente, no hablaría de peleas, amenazas ni del alcohol.

El error más grave es otro.

La mayoría de las personas no entiende cómo funciona realmente el sistema de justicia estadounidense en los casos de violencia doméstica.

Casi todas las personas que vi ser arrestadas estaban convencidas de que solo habían tenido una discusión familiar. Creían sinceramente que, después de unas horas, ambos se calmarían, se reconciliarían y todo volvería a la normalidad.

Muchos me decían prácticamente lo mismo:

"Solo discutimos."

"Ella nunca quiso que me arrestaran."

"Mañana retirará la denuncia y todo terminará."

Cuando escuchas esas frases una o dos veces, piensas que son casos aislados. Pero cuando las escuchas decenas o cientos de veces, comprendes que el problema es mucho más profundo.

La gente no comete estos errores porque quiera violar la ley. Los comete porque no entiende cómo funciona la ley.

Esa es precisamente la razón por la que decidí escribir este libro.

No pretendo limitarme a explicar los artículos de la ley. Para eso existen los abogados. Mi objetivo es explicar algo mucho más importante: cómo piensa un oficial de policía, por qué toma determinadas decisiones y qué sucede desde el momento en que alguien marca el 911.

Cuando se comprende la lógica del sistema, muchas situaciones dejan de parecer extrañas o injustas.

Comencemos por el principio.

Muchas personas creen que cualquier discusión entre esposos constituye violencia doméstica.

Otras piensan exactamente lo contrario: que si todo ocurre dentro del hogar, la policía no debería intervenir.

Ambas ideas son incorrectas.

Imagine una situación común.

Un esposo y una esposa tienen una fuerte discusión. Se gritan, recuerdan viejos conflictos y las emociones se desbordan. Los vecinos escuchan el escándalo y llaman a la policía.

¿Significa eso, por sí solo, que alguien será arrestado?

No.

Aquí aparece el primer mito que quiero aclarar.

La ley estadounidense no prohíbe discutir. No prohíbe los conflictos familiares. No prohíbe las discusiones acaloradas.

Lo que la ley prohíbe son los delitos.

A primera vista, la diferencia parece evidente. Sin embargo, en la práctica, muchas personas no la perciben.

Supongamos que, durante la discusión, el esposo empuja a su esposa. O le da una bofetada.

O la agarra del cuello. O le arrebata el teléfono cuando intenta llamar a la policía. O bloquea la puerta para impedir que salga de la vivienda.

En ese momento, la situación cambia.

Para la pareja puede seguir siendo la misma discusión. Continúan discutiendo, gritando y culpándose mutuamente.

Pero para el oficial de policía ya no es simplemente una discusión. Ahora está frente a un posible delito.

Por eso muchas personas se sorprenden por la actuación de la policía. Ellos analizan la situación como esposo o esposa. El oficial está obligado a analizarla desde una perspectiva completamente distinta.

Ahora pongámonos, por unos minutos, en el lugar del oficial que responde a una llamada por violencia doméstica.

Todavía no sabe nada.

No sabe quién inició el conflicto.

No sabe quién dice la verdad.

No sabe si alguien actuó en defensa propia.

Ni siquiera sabe si alguna de las personas involucradas sigue corriendo peligro.

Lo que sí sabe es que, en pocos minutos, tendrá que tomar una decisión que después será evaluada por sus supervisores, por la fiscalía, por los abogados y, en algunos casos, por un juez.

Por eso un buen oficial nunca comienza preguntándose:

"¿A quién debo creerle?"

Empieza con una pregunta mucho más importante:

"¿Qué fue lo que realmente ocurrió aquí?"

Para responderla, separa a las personas involucradas, entrevista a cada una por separado, inspecciona la escena, toma fotografías de las lesiones, observa los objetos dañados, busca señales de forcejeo y presta atención a cualquier detalle que pueda ayudar a reconstruir los hechos.

En muchas ocasiones, esos pequeños detalles resultan decisivos.

Por ejemplo, ambas personas pueden afirmar que nunca hubo una agresión física. Sin embargo, un teléfono roto, arañazos recientes, sangre en el piso o el video de una cámara instalada en el timbre de la vivienda pueden contar una historia completamente distinta.

Por eso un oficial experimentado procura basar sus decisiones no solo en lo que dicen las personas, sino también en las pruebas objetivas.

Ahora resulta más fácil entender por qué tantas veces me hicieron la misma pregunta:

"Si mi esposa dijo que no quería que me arrestaran, ¿por qué aun así me arrestaron?"

A primera vista, parece lógico pensar que la víctima debería tener la última palabra.

Pero imagine otra situación.

Una persona sufrió lesiones importantes, tiene miedo de su pareja o simplemente siente compasión por ella y le dice al oficial:

"Por favor, no arreste a nadie."

Si el oficial tomara su decisión únicamente basándose en ese deseo, muchas personas que realmente necesitan protección nunca la recibirían.

Por eso la ley exige que el oficial evalúe, ante todo, los hechos.

¿Existen indicios de que se cometió un delito?

¿Las lesiones, las fotografías, los testimonios de los testigos u otras pruebas respaldan lo

ocurrido?

¿Existen fundamentos legales suficientes para creer que se cometió un delito?

Si la respuesta es sí, el oficial puede realizar un arresto.

Ese suele ser el momento que más sorprende a la mayoría de las personas.

Ellos siguen pensando como una pareja que acaba de discutir.

Pero el sistema ya comenzó a funcionar como un proceso de justicia penal.

Eso no significa que la persona sea culpable.

Tampoco significa que el caso terminará necesariamente con una condena.

Significa que, a partir de ese momento, los acontecimientos se desarrollarán conforme a las reglas del proceso penal, y no según la voluntad de quienes participaron en el conflicto.

Comprender esta diferencia es fundamental.

Porque casi todos los errores de los que hablaremos en este libro comienzan precisamente aquí.

La persona sigue comportándose como si la discusión familiar continuara.

En realidad, ya forma parte de una investigación penal.

En los próximos capítulos analizaremos en detalle qué ocurre después de que llega la policía, cómo se toma la decisión de arrestar, si es posible que un caso penal sea desestimado y por qué muchas creencias populares sobre la violencia doméstica no coinciden con la manera en que realmente funciona el sistema de justicia estadounidense.

Lo más importante que debe recordar

- No toda discusión familiar constituye un delito, pero determinadas acciones pueden cambiar la evaluación legal de la situación en cuestión de segundos.
- La policía no acude para reconciliar a la pareja. Su misión es determinar si se ha cometido un delito.
- La decisión de arrestar se basa en la ley y en las pruebas reunidas, no únicamente en los deseos de la presunta víctima.
- Cuando existen fundamentos legales suficientes para creer que se cometió un delito, el caso pasa a regirse por las normas del proceso penal.
- Cuanto mejor comprenda cómo trabajan la policía y los tribunales, mayores serán sus posibilidades de evitar errores que podrían perjudicar seriamente su situación legal.

CAPÍTULO 2

Lo que realmente ocurre después de una llamada al 911

En el capítulo anterior hablamos de por qué una simple discusión familiar, en ocasiones, termina convirtiéndose en un caso penal. Ahora veamos qué sucede después de que alguien marca el 911.

Es precisamente en este momento cuando surgen los primeros grandes malentendidos.

Muchas personas creen que, si para cuando llega la policía la pareja ya se ha calmado, todo terminará ahí. Piensan algo como:

"Ya nos reconciliamos. Nadie quiere presentar cargos. Los oficiales hablarán con nosotros y se irán."

En algunos casos, eso es exactamente lo que ocurre.

Pero si el oficial observa indicios de que pudo haberse cometido un delito, su trabajo apenas comienza.

Es importante comprender una realidad.

Cuando un oficial responde a una llamada por violencia doméstica, todavía no sabe qué ocurrió. No sabe quién está diciendo la verdad. No sabe quién utilizó la fuerza primero. Tampoco sabe si alguien actuó en defensa propia o si una de las personas involucradas intenta justificar sus acciones.

Por esa razón, un buen oficial nunca inicia una investigación con una conclusión preconcebida.

Si un policía llega convencido de quién es el culpable antes de reunir los hechos, está haciendo mal su trabajo.

Primero se obtienen los hechos. Después se sacan las conclusiones.

Por eso, lo primero que evalúa un oficial es la seguridad.

¿Hay alguien que necesite atención médica?

¿El conflicto continúa?

¿Hay armas en la vivienda?

¿Hay menores que puedan estar en peligro?

Mientras no esté seguro de que ya no existe una amenaza inmediata, resulta inútil intentar reconstruir lo sucedido.

Una vez controlada la situación, comienza una parte del procedimiento que muchas personas interpretan de manera equivocada.

En la gran mayoría de los casos, los participantes del conflicto son separados y entrevistados por separado, aunque solo sea en habitaciones distintas.

Algunas personas creen que eso significa que el oficial ya decidió a quién creerle.

No es así.

La razón es mucho más sencilla.

Cuando ambas personas permanecen juntas, rara vez permiten que la otra hable con tranquilidad. Uno interrumpe, el otro responde, ambos comienzan a discutir nuevamente y la entrevista termina convirtiéndose en una continuación de la pelea.

Eso no ayuda al oficial.

Lo que necesita no son acusaciones mutuas, sino un relato claro y cronológico de lo ocurrido.

Además, existe otra razón importante.

En algunas relaciones, una de las personas siente tanto miedo de la otra que jamás contará lo sucedido mientras ambos permanezcan juntos.

Solo cuando puede hablar a solas con el oficial comienza a explicar los hechos con tranquilidad.

Por ese motivo, las entrevistas por separado forman parte del procedimiento habitual en este tipo de investigaciones.

Otro aspecto que muchas personas subestiman es la inspección del lugar de los hechos.

A veces preguntan:

"¿Por qué el oficial examina un teléfono roto o toma fotografías de una silla volcada?"

Porque una vivienda también puede contar parte de la historia.

Imagine dos situaciones.

En la primera, ambos dicen que únicamente tuvieron una discusión.

En la segunda, el oficial encuentra muebles dañados, señales de forcejeo, un teléfono con la pantalla rota y sangre en el piso.

Evidentemente, ambas escenas requieren una evaluación muy diferente.

Por eso un oficial con experiencia nunca basa su decisión únicamente en las declaraciones de las personas involucradas.

Compara lo que dicen con lo que observa personalmente.

Lo mismo ocurre con las lesiones físicas.

Con frecuencia escuché comentarios como:

"Es solo un pequeño moretón."

Pero la función del oficial no consiste en decidir si una lesión es grande o pequeña.

Su obligación es documentar cualquier lesión o evidencia relacionada con el incidente.

Más adelante, esas fotografías pueden ayudar al fiscal, a los abogados, a los peritos o al tribunal a comprender lo que realmente ocurrió ese día.

Otro error frecuente consiste en creer que la decisión de arrestar depende de un solo elemento.

En la práctica, casi nunca sucede así.

Un buen oficial evalúa el panorama completo.

¿Qué declaró el esposo?

¿Qué declaró la esposa?

¿Sus versiones coinciden o se contradicen?

¿Existen lesiones?

¿Las fotografías, los videos o los testigos respaldan alguna de las versiones?

¿Ha habido llamadas anteriores a la policía en esa misma dirección?

Cada uno de esos elementos, por sí solo, puede no significar mucho.

Pero cuando el oficial reúne todas las piezas, comienza a reconstruir lo que probablemente ocurrió.

Por eso, dos incidentes que desde fuera parecen casi idénticos pueden terminar con resultados completamente distintos.

En un caso, la policía puede concluir que no existen indicios suficientes de un delito, elaborar el informe correspondiente y retirarse.

En otro, el oficial puede determinar que existen fundamentos legales suficientes para creer que se cometió un delito y efectuar un arresto.

Desde fuera puede parecer que la policía tomó decisiones distintas en circunstancias iguales.

Sin embargo, en la realidad casi nunca existen dos casos idénticos.

Durante toda mi carrera jamás investigué dos incidentes exactamente iguales.

Cada llamada tenía detalles propios.

Y, en muchas ocasiones, un solo detalle cambiaba por completo la evaluación del caso.

Por eso siempre aconsejo no intentar adivinar cuál será la decisión de la policía.

Es mucho más útil comprender cómo llega un oficial a esa decisión.

Cuando una persona entiende la lógica con la que trabaja la policía, le resulta mucho más fácil comprender su propio caso y evitar errores que muchas personas cometen después de la llegada de los oficiales.

En el próximo capítulo analizaremos qué factores pueden influir en la decisión de efectuar un arresto y por qué determinadas circunstancias son consideradas especialmente graves por las autoridades.

Lo más importante que debe recordar

- Después de una llamada por violencia doméstica, la prioridad del oficial es garantizar la seguridad de todas las personas involucradas antes de iniciar la investigación.
- Entrevistar por separado a los participantes ayuda a obtener una versión más objetiva y confiable de los hechos.
- Un oficial con experiencia evalúa tanto las declaraciones como todas las pruebas disponibles.
- La decisión de arrestar se basa en el análisis del conjunto de las circunstancias, no en una sola declaración ni en una única fotografía.
- En las investigaciones por violencia doméstica, las primeras horas suelen ser las más importantes para determinar lo que realmente ocurrió.

CAPÍTULO 3

¿Se puede negarse a colaborar con la policía y no permitir que los oficiales entren en la vivienda después de una llamada al 911?

Después de un conflicto familiar, algunas personas llaman al 911 y, pocos minutos después, se arrepienten de haberlo hecho. Para cuando llega la policía, la pareja ya se ha calmado, ha llegado a un acuerdo o simplemente ha decidido que no quiere la intervención de las autoridades. Mantienen la puerta cerrada y les dicen a los oficiales que ya no necesitan ayuda y que pueden marcharse.

Es precisamente en ese momento cuando surge una pregunta importante:

¿Está una persona obligada a hablar con la policía y a permitir que los oficiales entren en su vivienda?

La respuesta no es absoluta.

Todo depende de lo que el denunciante haya comunicado al operador del 911, de lo que los oficiales escuchen y observen al llegar y de si existen motivos objetivos para creer que alguien dentro de la vivienda podría estar en peligro.

La vivienda de una persona está protegida por la Constitución.

En circunstancias normales, la policía no puede entrar simplemente porque un oficial quiera inspeccionar el lugar o comprobar si ocurrió algo sospechoso. Por regla general, el ingreso requiere el consentimiento de quien reside allí, una orden judicial o alguna excepción reconocida por la ley.

Sin embargo, una llamada por un posible caso de violencia doméstica rara vez se considera una simple disputa familiar.

Si el operador informa que hubo gritos, golpes, amenazas, armas, estrangulamiento, lesiones o un menor que podría estar en peligro, los oficiales no pueden limitarse a aceptar la frase:

"Ya todo está bien."

Su obligación no consiste únicamente en hablar con quien abrió la puerta.

También deben comprobar que las demás personas involucradas están con vida, no han

resultado heridas y no permanecen retenidas contra su voluntad.

¿Es obligatorio responder a las preguntas?

Ninguna persona está obligada a explicar detalladamente lo ocurrido ni a hacer declaraciones que puedan utilizarse en su contra.

El derecho a guardar silencio existe incluso antes de que se produzca un arresto formal.

Sin embargo, negarse a responder preguntas y negarse a cumplir órdenes legales de un oficial son cosas completamente diferentes.

Puede decir, de manera tranquila, que no desea hablar sobre el incidente sin la presencia de un abogado.

Lo que no puede hacer es impedir físicamente la actuación policial, empujar a un oficial, cerrar la puerta de golpe, ocultar a la otra persona involucrada o impedir que los oficiales verifiquen su estado cuando existen fundamentos legales para hacerlo.

El error más frecuente consiste en convertir una conversación sobre los propios derechos en un nuevo conflicto.

Algunas personas comienzan a gritar, exigen que la policía abandone inmediatamente la propiedad, amenazan con presentar denuncias contra los oficiales o intentan cerrar la puerta por la fuerza.

Ese tipo de conducta rara vez ayuda y, en muchas ocasiones, termina creando un problema adicional que antes de la llegada de la policía ni siquiera existía.

Si no desea responder preguntas, simplemente dígalo con calma.

No mienta.

No invente una versión de los hechos.

Y nunca trate de responder en nombre de la otra persona.

¿Está obligado a abrir la puerta?

El simple hecho de que un oficial toque a la puerta no significa que usted esté obligado a permitirle entrar.

En una situación normal, puede hablar con el oficial a través de la puerta cerrada o salir al exterior sin invitarlo a ingresar.

Pero después de una llamada de emergencia, la situación puede ser muy distinta.

Imagine que una mujer llama al 911 diciendo que su esposo la está estrangulando.

Durante la llamada se escuchan gritos y, de repente, la comunicación se corta.

Cuando llega la policía, nadie abre la puerta y un hombre responde desde el interior diciendo que todo está bien y que su esposa está dormida.

En una situación así, los oficiales no están obligados a creerle.

Pueden tener fundamentos objetivos para pensar que dentro de la vivienda hay una persona que necesita ayuda inmediata.

Esperar una orden judicial en esas circunstancias podría poner una vida en peligro.

Por eso, negarse a abrir la puerta no siempre impedirá la entrada de la policía.

Cuando existen circunstancias de emergencia reconocidas por la ley, los oficiales pueden ingresar sin el consentimiento de los residentes.

Por otra parte, el simple hecho de que alguien haya llamado al 911 no concede a la policía un derecho ilimitado para registrar toda la vivienda.

Las actuaciones policiales deben guardar relación con el motivo de la llamada y con la necesidad de eliminar el peligro inmediato.

Entrar para verificar el estado de una posible víctima no autoriza, por sí solo, a revisar armarios, cajones o pertenencias personales en busca de pruebas de un delito diferente.

¿Por qué los oficiales quieren ver a todas las personas involucradas?

Cuando la policía llega al lugar, normalmente intenta separar a las personas involucradas y hablar con cada una de ellas por separado.

A algunas personas eso les molesta.

Dicen que su esposo, su esposa o su hijo no quiere salir, está durmiendo, se está duchando o simplemente no desea hablar.

Para un oficial, esa situación puede resultar sospechosa, especialmente si esa persona fue quien llamó al 911 o fue identificada como la posible víctima.

El oficial debe comprobar personalmente, en la medida de lo posible, que esa persona no está herida, no está siendo intimidada y puede hablar libremente.

La afirmación de otro miembro de la familia de que "está bien" no siempre será suficiente.

Por esa razón, no conviene responder por su pareja, indicarle qué debe decir, permanecer junto a ella durante la entrevista o impedir que hable con la policía.

Ese comportamiento puede dar la impresión de que alguien está ejerciendo presión o limitando su libertad.

Si realmente nadie resultó herido y el incidente terminó, una conversación tranquila y por

separado suele ayudar a que los oficiales comprendan la situación con mayor rapidez.

Ocultar a una de las personas involucradas casi siempre produce el efecto contrario.

¿Qué ocurre si quien llamó al 911 cambia de opinión?

Muchas personas creen que una llamada al 911 puede cancelarse con la misma facilidad con la que se cancela un taxi.

En los casos de posible violencia doméstica, eso no funciona así.

La persona puede informar al operador que ya no necesita ayuda.

Sin embargo, no es ella quien decide si la investigación continuará.

Esa decisión corresponde al centro de emergencias y a los oficiales que responden al llamado.

Ellos evaluarán la información inicial, las circunstancias en que terminó la llamada y todo lo que encuentren al llegar.

Si alguien informó primero que estaba siendo agredido y pocos minutos después dice inesperadamente que todo está bien, eso no necesariamente tranquilizará a la policía.

Por el contrario, los oficiales pueden sospechar que la presunta víctima está siendo presionada o teme las consecuencias de haber pedido ayuda.

Por eso, intentar cancelar la llamada no garantiza que la policía no llegue o que abandone el lugar inmediatamente.

¿Se puede negar el consentimiento para un registro?

Entrar en una vivienda para eliminar un peligro inmediato y realizar un registro completo son dos cuestiones jurídicas diferentes.

Si un oficial solicita autorización para revisar la vivienda, un vehículo, un teléfono celular o cualquier espacio cerrado, la persona tiene derecho a preguntar si se trata de una solicitud voluntaria o de una orden legal.

Si la policía está pidiendo su consentimiento, usted puede negarse.

Puede hacerlo con tranquilidad diciendo:

"No doy mi consentimiento para el registro."

Después de eso, no debe intentar impedir físicamente las actuaciones policiales.

Si los oficiales consideran que existe otra base legal para actuar, será un abogado y, en última instancia, un tribunal quien determine posteriormente si esas actuaciones fueron legales.

Intentar detener un registro por la fuerza casi nunca protege los derechos de una persona.

Lo único que suele conseguir es aumentar el riesgo de un nuevo arresto o del uso de la fuerza.

¿Qué hacer en la práctica?

Después de llamar al 911, no intente engañar a la policía.

No apague las luces.

No finja que no hay nadie en casa.

No oculte a las personas involucradas.

No acuerde una versión común de los hechos.

No elimine grabaciones ni haga desaparecer objetos dañados antes de que lleguen los oficiales.

Si la policía llama a la puerta, mantenga la calma.

Mantenga las manos visibles, no sostenga ningún arma y evite movimientos bruscos.

Pregunte por qué acudieron al lugar y si necesitan que salga al exterior.

Si no desea responder preguntas, dígalo de forma clara y respetuosa.

Indique que ejercerá su derecho a guardar silencio y que desea consultar previamente con un abogado.

Al mismo tiempo, cumpla las órdenes legales relacionadas con la seguridad.

No discuta cuestiones jurídicas con los oficiales en el lugar del incidente.

Aunque considere que están actuando incorrectamente, resistirse rara vez mejora la situación.

La legalidad del ingreso a la vivienda, de un arresto o de la obtención de pruebas podrá ser cuestionada posteriormente por su abogado ante un tribunal.

Lo más importante que debe recordar es esto:

El derecho a guardar silencio no significa que una persona pueda impedir que la policía investigue una denuncia sobre alguien que podría encontrarse en peligro.

Después de una llamada al 911, los oficiales tienen la obligación de averiguar qué ocurrió.

En algunos casos bastará una breve conversación en la puerta.

En otros, las circunstancias les permitirán entrar sin consentimiento.

La decisión no depende del deseo del propietario de poner fin a la intervención policial, sino de los hechos concretos que los oficiales conocen en ese momento.

Lo más importante que debe recordar

- Usted tiene derecho a guardar silencio y a solicitar la presencia de un abogado.
- Negarse a responder preguntas no le autoriza a impedir las actuaciones legales de la policía.
- En circunstancias normales, la policía no puede entrar en una vivienda sin consentimiento, una orden judicial o una excepción prevista por la ley.
- Cuando existen indicios objetivos de un peligro inmediato, los oficiales pueden ingresar sin autorización.
- Cancelar una llamada al 911 no obliga a la policía a suspender la investigación.
- El ingreso de emergencia a una vivienda y un registro completo son cuestiones jurídicas diferentes.
- No mienta, no oculte a las personas involucradas y no intente detener físicamente a los oficiales. Si considera que actuaron ilegalmente, ese asunto debe resolverse posteriormente por medio de un abogado y de los tribunales.

CAPÍTULO 4

Circunstancias que pueden agravar seriamente la situación del sospechoso

Después de un arresto, muchas personas comienzan a pensar únicamente en lo que ocurrirá después.

¿Habrá un juicio?

¿Podrían ir a la cárcel?

¿Será posible cerrar el caso rápidamente?

Sin embargo, durante las primeras horas posteriores a un incidente, yo solía concentrarme en una cuestión completamente distinta.

Quería saber qué clase de caso teníamos realmente frente a nosotros.

A primera vista, la pregunta puede parecer extraña.

Violencia doméstica es violencia doméstica. ¿Qué diferencia puede haber?

La diferencia puede ser enorme.

Durante mis años de servicio no vi dos casos exactamente iguales.

En algunas ocasiones, un conflicto terminaba con consecuencias relativamente menores. En otras, desde los primeros minutos resultaba evidente que la investigación sería mucho más compleja y que los cargos podían ser considerablemente más graves.

¿Por qué ocurre esto?

Porque el oficial no evalúa únicamente el hecho de que alguien haya utilizado la fuerza.

Debe analizar el panorama completo.

Imagine dos situaciones aparentemente similares.

En la primera, una pareja discute. El esposo empuja a su esposa, ella pierde el equilibrio y cae al piso. Es una situación seria, pero no existen otras circunstancias relevantes.

En la segunda ocurre prácticamente lo mismo.

Sin embargo, los oficiales descubren que había menores dentro de la vivienda. Durante el conflicto, el hombre sostenía un cuchillo de cocina. La policía ya había respondido meses antes a otra llamada en esa misma dirección. Además, la presunta víctima afirma que no era la primera vez que ocurría algo parecido.

A primera vista, la diferencia quizá no parezca demasiado grande.

Para la policía y la fiscalía, sin embargo, puede ser fundamental.

Por eso siempre recomiendo no evaluar un caso basándose únicamente en el incidente más reciente.

Con frecuencia, los factores decisivos son precisamente aquellos que el sospechoso considera poco importantes.

Veamos los más comunes.

Incidentes anteriores de violencia doméstica

Existe una frase que escuché innumerables veces:

"Este es mi primer arresto."

La persona suele decirlo como si esa afirmación explicara toda la situación.

Pero un primer arresto no significa necesariamente que sea el primer incidente de violencia doméstica.

Ahí es donde muchas personas interpretan incorrectamente el trabajo policial.

El oficial no responde únicamente para investigar lo ocurrido ese día.

También intenta comprender qué está sucediendo dentro de esa familia en general.

Imagine esta situación.

La presunta víctima afirma que su esposo la golpeó por primera vez.

Sin embargo, durante la investigación se descubre que la policía ya había respondido varias veces a esa dirección durante los últimos dos años.

En cada ocasión, la pareja se reconciliaba rápidamente, nadie quería colaborar y no se presentaban cargos penales.

¿Significa eso que aquellas llamadas anteriores carecen de importancia?

Por supuesto que no.

Cada intervención queda documentada en los sistemas policiales.

El oficial puede revisar el historial de llamadas anteriores y considerar la posibilidad de que el incidente actual no sea un hecho aislado, sino la continuación de un problema que existe desde hace tiempo.

Por esa razón, durante una investigación los oficiales no preguntan únicamente qué ocurrió ese día.

También verifican si hubo incidentes anteriores, si la presunta víctima recibió tratamiento médico, si existen fotografías de lesiones pasadas, si se emitieron órdenes de protección y qué pueden aportar los vecinos, familiares u otros testigos.

En ocasiones, es precisamente en ese momento cuando la investigación comienza a desarrollarse de una manera completamente distinta de la que esperaba el sospechoso.

Él continúa considerando el conflicto actual como un incidente aislado.

Mientras tanto, los investigadores pueden comenzar a identificar un posible patrón repetitivo de violencia.

En Florida, este asunto ha adquirido todavía mayor importancia.

El 1 de julio de 2026 entró en vigor la ley HB 277, que permite aumentar la categoría de las sanciones cuando una persona comete un nuevo delito de violencia doméstica y ya tiene una condena anterior por otro delito de esa naturaleza.

Dependiendo de la clasificación original del delito, una infracción que normalmente sería considerada un misdemeanor puede ser elevada a una categoría más grave. En determinadas circunstancias, un misdemeanor de primer grado puede ser reclasificado como un felony de tercer grado.

Pero incluso sin entrar en los detalles de una ley específica, el principio general sigue siendo el mismo.

Los incidentes repetidos casi siempre hacen que la policía y la fiscalía examinen el caso con mayor atención.

Su tarea consiste en determinar si están frente a un conflicto emocional aislado o ante una conducta que se ha repetido durante un período prolongado.

Cuando aparece un arma durante el conflicto

Existen circunstancias que cambian casi de inmediato la manera en que la policía evalúa una disputa familiar.

Una de ellas es la presencia de un arma o de cualquier objeto que pueda utilizarse como arma.

Muchas personas cometen aquí un grave error.

Piensan únicamente en armas de fuego.

En realidad, el oficial debe considerar una lista mucho más amplia:

- un cuchillo de cocina;
- un bate de béisbol;
- un martillo;
- una tubería metálica;
- una sartén pesada;
- o cualquier otro objeto capaz de causar lesiones graves.

Lo importante no es únicamente el objeto.

También importa cómo fue utilizado, cómo fue sostenido y cómo interpretó la situación la otra persona.

Imagine una escena completamente cotidiana.

Usted está preparando la cena y sostiene un cuchillo de cocina.

En ese momento comienza una fuerte discusión familiar.

Minutos después llega la policía y la presunta víctima declara:

"Me gritaba mientras sostenía el cuchillo. Pensé que podía atacarme."

Ahora observe la situación desde la perspectiva del oficial.

Él no estuvo presente cuando comenzó la discusión.

No sabe si usted simplemente continuaba preparando la comida o si sostenía el cuchillo intencionalmente para intimidar a la otra persona.

Su obligación es documentar los hechos, las declaraciones y la escena tal como los encuentra.

Esa información aparecerá en el informe policial.

Más adelante, la fiscalía evaluará esas circunstancias al decidir qué cargos, si alguno, corresponden.

Esto no significa que la mera presencia de un cuchillo conduzca automáticamente a un cargo más grave.

Pero tampoco puede ignorarse la realidad.

En cuanto aparece un arma o un objeto que razonablemente puede percibirse como un arma, la situación suele volverse mucho más seria.

Mi recomendación es sencilla.

Cuando una discusión está saliendo de control, coloque inmediatamente a un lado cualquier objeto que pueda interpretarse como un arma.

Puede parecer un detalle menor.

En la práctica, ese detalle puede cambiar por completo el rumbo de una investigación.

Violencia contra mujeres embarazadas, adultos mayores y personas con discapacidades

Las consecuencias legales de una agresión pueden ser más graves cuando la presunta víctima pertenece a una categoría especialmente vulnerable o cuando una ley específica aumenta la gravedad del delito debido a su condición.

Entre esas personas pueden encontrarse:

- mujeres embarazadas;
- adultos mayores;
- personas con discapacidades;
- personas que, debido a una condición física o mental, tienen dificultades para protegerse o solicitar ayuda.

Las agresiones contra mujeres embarazadas se examinan con especial atención.

Si el acusado sabía o razonablemente debía saber que la víctima estaba embarazada, esa circunstancia puede influir en la clasificación del delito, en los cargos presentados y en la posible sanción.

Las autoridades también tratan con particular seriedad los casos de violencia contra adultos mayores y personas con discapacidades.

Durante la investigación pueden tenerse en cuenta la edad de la víctima, su estado de salud, su dependencia del acusado y su capacidad para protegerse o pedir ayuda por sí misma.

La situación puede volverse todavía más grave cuando la presunta víctima depende del acusado para recibir cuidados, vivienda, transporte, medicamentos o apoyo económico.

En esos casos, la policía, la fiscalía y los tribunales pueden considerar que existe un nivel

mayor de vulnerabilidad y peligro.

Además de una investigación penal, también pueden intervenir los servicios sociales, las agencias de protección de adultos vulnerables u otras autoridades responsables de garantizar la seguridad de la persona.

Por qué la estrangulación se considera especialmente peligrosa

Si se pregunta a investigadores experimentados qué tipo de casos de violencia doméstica analizan con particular atención, muchos responderán sin dudar:

Los casos relacionados con estrangulación.

Las personas que nunca han participado en una investigación penal a menudo no comprenden por qué estas acusaciones se consideran tan graves.

Dicen:

"Yo no la estrangulé. Solo la sujeté por el cuello."

O:

"Duró apenas unos segundos."

En ocasiones añaden:

“Ni siquiera le quedaron marcas.”

Pero es precisamente ahí donde se cruza una de las líneas más peligrosas.

La estrangulación no siempre deja moretones intensos, heridas visibles o arañazos profundos.

En algunos casos, las lesiones externas son mínimas o prácticamente inexistentes.

Eso no significa que no existiera peligro.

Incluso una compresión breve del cuello puede interferir con la respiración o con el flujo de sangre al cerebro y producir consecuencias graves.

Una persona puede perder el conocimiento en pocos segundos.

Algunas lesiones no se manifiestan inmediatamente.

También pueden desarrollarse complicaciones después de que el conflicto ya haya terminado.

Por eso la policía trata estas denuncias con extrema seriedad.

Durante la investigación, el oficial no observa únicamente posibles marcas en el cuello.

También puede preguntar:

¿Tuvo dificultades para respirar?

¿Perdió el conocimiento?

¿Cambió su voz?

¿Sintió mareos?

¿Tuvo dificultades para tragar?

¿Experimentó confusión, visión borrosa o pérdida de memoria?

Estas preguntas no se hacen por simple curiosidad.

Ayudan a determinar la gravedad potencial de lo ocurrido.

Los documentos médicos también pueden desempeñar un papel fundamental.

Cuando la persona es evaluada por médicos, los resultados del examen pueden incorporarse al expediente.

Posteriormente pueden ser revisados por especialistas, abogados, fiscales y jueces.

Naturalmente, como en cualquier otro proceso penal, ambas partes tienen derecho a

presentar pruebas, cuestionar las conclusiones médicas y ofrecer su propia explicación de lo sucedido.

Pero eso ocurre más adelante.

Durante las primeras horas, la policía debe actuar basándose en los hechos y en la información disponibles en ese momento.

Por eso nunca conviene minimizar una acusación relacionada con la estrangulación.

Muchas personas no comprenden hasta qué punto las autoridades consideran grave cualquier conducta que haya impedido o restringido la respiración normal o la circulación sanguínea mediante presión sobre el cuello. En Florida, la agresión doméstica por estrangulación está contemplada específicamente dentro de los delitos graves.

Por qué la naturaleza de las lesiones es tan importante

Existe otro factor que influye directamente en el desarrollo de una investigación:

La naturaleza y gravedad de las lesiones.

Después de algunos conflictos familiares, únicamente quedan pequeñas áreas de enrojecimiento o moretones.

En otros casos, la persona sufre fracturas, traumatismos craneales, cortes profundos, dientes

rotos u otras lesiones graves.

La diferencia entre esas situaciones no es únicamente médica.

Cuanto más graves sean las consecuencias, más cuidadosamente examinarán la policía, la fiscalía y el tribunal todos los detalles del incidente.

Por esa razón, cuando existen indicios de una lesión seria, los oficiales normalmente intentan que la presunta víctima sea examinada por personal médico.

Algunas personas se sorprenden y dicen:

“Ya expliqué que no necesito una ambulancia.”

O, por el contrario:

"Ella misma se negó a ir al hospital."

Pero un oficial de policía no es médico.

No puede determinar con certeza si existen lesiones internas ni anticipar todas las posibles complicaciones.

Su responsabilidad es proteger a la persona y documentar adecuadamente lo ocurrido.

Además, la documentación médica puede resultar esencial durante la investigación posterior.

Los informes de los médicos, los resultados de los exámenes, las radiografías, las tomografías computarizadas y las fotografías de las lesiones ayudan a evaluar objetivamente las consecuencias del conflicto.

En algunos casos, los registros médicos respaldan la versión de la presunta víctima.

En otros, permiten verificar, aclarar o cuestionar determinados elementos que están siendo discutidos por ambas partes.

Por eso un investigador experimentado revisa cuidadosamente la evidencia médica y no se limita a las declaraciones de quienes participaron en el conflicto.

Lo más importante que debe recordar

- Los incidentes anteriores de violencia doméstica atraen una mayor atención por parte de la policía y de la fiscalía.
- Un primer arresto no significa necesariamente que las autoridades consideren que se trata del primer incidente.

- La presencia de un arma o de cualquier objeto que pueda percibirse como un arma puede agravar considerablemente la situación.
- Las acusaciones relacionadas con estrangulación se encuentran entre las más serias y requieren una investigación especialmente cuidadosa.
- La naturaleza y gravedad de las lesiones influyen directamente en el desarrollo de un caso penal.
- La violencia contra una mujer embarazada, un adulto mayor o una persona con discapacidad puede generar consecuencias legales y administrativas mucho más graves.
- El oficial no evalúa un solo hecho de manera aislada. Analiza el conjunto completo de circunstancias descubiertas durante la investigación.

CAPÍTULO 5

Cómo ocurre realmente: desde el arresto hasta la sentencia

Para la mayoría de las personas, el arresto es el momento más angustiante de toda la situación. Muchos creen que, una vez obtenida la libertad bajo fianza y abandonada la cárcel, lo peor ya pasó.

En realidad, es precisamente en ese momento cuando el proceso penal apenas comienza.

Una de las preguntas que más escuché durante mi carrera fue:

"¿Qué va a pasar ahora?"

El desconocimiento de cómo avanza un caso penal lleva a muchas personas a cometer errores que podrían evitarse. Algunos dejan de responder las llamadas de su abogado. Otros ignoran

las notificaciones del tribunal. También hay quienes piensan que, si han pasado varias semanas sin recibir noticias, el caso ya fue archivado.

En la práctica, las cosas funcionan de una manera muy distinta.

Después del arresto, la policía remite el expediente a la fiscalía. Allí, el fiscal revisa el informe policial, las fotografías, las declaraciones de las partes involucradas, las grabaciones de las cámaras corporales de los oficiales (body-worn cameras), los informes médicos y todas las demás pruebas reunidas durante la investigación. Con base en esa información, decide cómo continuará el proceso.

Si la fiscalía mantiene los cargos, el caso pasa a la siguiente etapa dentro del sistema judicial. A partir de ese momento, la persona acusada debe cumplir una serie de obligaciones.

La primera es respetar estrictamente todas las condiciones impuestas por el tribunal para permanecer en libertad. Si existe una orden que prohíbe cualquier contacto con la presunta víctima, debe cumplirse sin excepciones. Si el tribunal fija comparecencias obligatorias, ninguna puede omitirse. Cualquier otra condición impuesta por el juez debe tomarse con la máxima seriedad.

Muchas personas subestiman la importancia de la primera audiencia judicial. Creen que se trata de un simple trámite y que su presencia no cambia nada.

En realidad, es en ese momento cuando comienza formalmente la etapa judicial del proceso penal.

El siguiente paso importante es el intercambio de pruebas entre la fiscalía y la defensa (discovery). La fiscalía está obligada a entregar a la defensa las pruebas en las que basa la acusación. Es entonces cuando el abogado puede estudiar detalladamente el expediente, evaluar las fortalezas y debilidades del caso y definir la estrategia de defensa.

En esta etapa pueden aparecer nuevas pruebas. También pueden surgir contradicciones entre las declaraciones de los testigos o de las partes involucradas. En algunos casos será necesario solicitar peritajes adicionales o localizar nuevos testigos.

Por esa razón, las primeras semanas después de un arresto suelen ser mucho más importantes de lo que imagina una persona que nunca antes ha enfrentado un proceso penal.

Otro error muy frecuente es intentar comunicarse directamente con el fiscal para explicar su versión de los hechos.

Por lo general, ese tipo de iniciativas no produce ningún beneficio. Si la persona cuenta con un abogado, toda comunicación relacionada con la defensa debe realizarse a través de él.

También es un grave error ignorar las notificaciones y documentos enviados por el tribunal.

Cada notificación, cada citación judicial y cada resolución del tribunal pueden tener consecuencias importantes. Si hay algo que no entiende, es mucho mejor consultarlo de inmediato con su abogado que esperar a que el problema se resuelva por sí solo.

También es importante comprender otra realidad.

No todos los casos penales terminan en un juicio ante un jurado. Dependiendo de las circunstancias, la fiscalía y la defensa pueden analizar distintas formas de resolver el caso. Sin embargo, cualquier decisión de este tipo debe tomarse únicamente después de que la defensa haya revisado todas las pruebas y explicado las posibles consecuencias de cada alternativa.

Quizás la enseñanza más importante de este capítulo sea la siguiente:

Después de un arresto, no adopte una actitud pasiva ni espere que todo se resuelva por sí solo. Es precisamente durante esta etapa cuando se prepara la defensa, se analizan las pruebas y se toman decisiones que pueden influir de manera decisiva en el resultado del proceso penal.

Cuanto mejor comprenda una persona cómo funciona este proceso, menores serán las probabilidades de cometer errores que, más adelante, podrían resultar imposibles de corregir.

Lo más importante que debe recordar

- Después de recuperar la libertad, el proceso penal apenas comienza.
- Cumpla estrictamente todas las condiciones impuestas por el tribunal.
- No ignore las notificaciones, citaciones ni ningún otro documento enviado por el tribunal.
- Todas las decisiones relacionadas con su defensa deben discutirse con su abogado; no intente resolverlas por su cuenta.
- Una defensa activa y bien planificada desde los primeros días después del arresto puede influir de manera decisiva en el desarrollo y el resultado del caso.

CAPÍTULO 6

"No me leyeron mis derechos Miranda". Por qué eso no siempre hace que un caso penal sea desestimado

Después de un arresto, muchas personas buscan información en Internet y enseguida encuentran el mismo consejo una y otra vez: si el policía no le leyó los derechos Miranda, el caso debe ser desestimado.

En la práctica, la situación es mucho más compleja.

A lo largo de mi carrera escuché en numerosas ocasiones a personas arrestadas afirmar que no habían sido informadas de sus derechos, que nadie les había leído los derechos Miranda y que, por lo tanto, toda la acusación era automáticamente ilegal. Precisamente por este error de interpretación, muchas personas basan su defensa en un argumento equivocado.

Lo primero que debe entenderse es cuál es el verdadero propósito de los derechos Miranda.

Los derechos Miranda no están relacionados con el arresto en sí, sino con el interrogatorio de una persona que se encuentra bajo custodia policial. Si la policía pretende hacer preguntas cuyas respuestas puedan utilizarse posteriormente en su contra, debe informarle de sus derechos fundamentales, entre ellos el derecho a guardar silencio y el derecho a contar con un abogado.

Sin embargo, esto no significa que un oficial esté obligado a leer los derechos Miranda a toda persona en el mismo momento en que le coloca las esposas.

Este mito existe, en gran parte, por influencia de las películas y las series de televisión, donde los derechos Miranda suelen leerse casi al mismo tiempo que se produce el arresto. En la vida real, todo depende de si la policía tiene la intención de interrogar a la persona detenida.

Si una persona simplemente es arrestada, trasladada a la cárcel y no es interrogada sobre los hechos del caso, la ausencia de la advertencia Miranda, por sí sola, no constituye necesariamente una violación de sus derechos.

Existe otra situación muy frecuente.

La persona comienza a explicar espontáneamente lo ocurrido antes de que el oficial siquiera formule una sola pregunta. Intenta justificarse, discute con los agentes o expone su versión de los hechos convencida de que esas declaraciones no podrán utilizarse porque aún no le han leído los derechos Miranda.

Ese es un error que puede tener consecuencias importantes.

Cuando una persona hace declaraciones de manera voluntaria, sin que exista un interrogatorio por parte de la policía, esas manifestaciones pueden tener valor como prueba. Por esa razón, intentar explicarlo todo de inmediato suele perjudicar más de lo que ayuda.

Otro error frecuente consiste en discutir con el oficial y exigir que lea inmediatamente los derechos Miranda.

Ese tipo de discusión, por lo general, no cambia absolutamente nada. Es mucho más prudente decir, de manera clara y respetuosa, que no desea responder preguntas sin la presencia de un abogado.

Esa decisión suele ser mucho más eficaz que discutir sobre el momento exacto en que el oficial debía haber leído la advertencia Miranda.

También es importante comprender otra realidad.

Incluso si realmente existió una violación de los derechos Miranda, eso no significa que todo el proceso penal quede automáticamente anulado o que el caso vaya a ser desestimado.

La cuestión suele centrarse en la admisibilidad de determinadas declaraciones obtenidas durante un interrogatorio. Si existen otras pruebas en contra de la persona —como fotografías, videos, informes médicos, declaraciones de testigos, grabaciones de las cámaras corporales (body-worn cameras) o la evidencia recopilada en la escena de los hechos—, la investigación y el proceso penal pueden continuar independientemente de si los derechos

Miranda fueron explicados correctamente antes del interrogatorio.

Por esa razón, basar toda la estrategia de defensa únicamente en el argumento de "no me leyeron mis derechos Miranda" sería un error.

Ese tipo de cuestiones debe ser analizado por un abogado después de revisar cuidadosamente todas las circunstancias del arresto y del interrogatorio.

La idea más importante que debe recordar es muy sencilla.

Los derechos Miranda son una garantía legal de gran importancia, pero no constituyen una fórmula mágica que anule automáticamente un arresto o haga que un caso penal sea desestimado.

Por ello, después de un arresto, lo más prudente no es discutir con la policía, intentar justificarse ni ofrecer explicaciones detalladas sobre lo ocurrido. Lo más seguro es ejercer sus derechos de manera tranquila y esperar a consultar con un abogado.

Lo más importante que debe recordar

- Los derechos Miranda se aplican al interrogatorio de una persona bajo custodia, no a todos los arrestos.
- El hecho de que no se hayan leído los derechos Miranda no significa que el caso penal vaya a ser desestimado automáticamente.
- Las declaraciones realizadas voluntariamente pueden utilizarse como prueba, incluso si aún no se han leído los derechos Miranda.
- No discuta con los oficiales sobre los derechos Miranda. Si no desea responder preguntas, diga con calma que desea hablar con un abogado antes de cualquier interrogatorio.
- Una buena defensa se basa en el análisis de todas las pruebas y de todas las circunstancias del caso, no únicamente en el momento en que fueron leídos los derechos Miranda.

CAPÍTULO 7

"Quiero retirar la denuncia". Por qué eso, con frecuencia, no es suficiente

Esta es, probablemente, una de las preguntas que más escuché durante mi carrera.

"Ya nos reconciliamos. ¿Cómo puedo retirar la denuncia?"

A veces la hace la presunta víctima.

Otras veces, un familiar.

Y, en muchas ocasiones, es la propia persona acusada quien dice:

"Ella ya cambió de opinión. Entonces, el caso deberían cerrarlo."

A primera vista, ese razonamiento parece lógico. Si el conflicto ocurrió entre dos personas, muchos piensan que ellas mismas deberían poder resolverlo.

Sin embargo, en los casos de violencia doméstica las cosas no funcionan de esa manera.

Por eso, muchas personas se sorprenden cuando descubren que el deseo de la presunta víctima de retirar la denuncia o de no continuar con el caso no siempre significa que el proceso penal vaya a terminar.

Veamos por qué.

¿Por qué tantas personas creen que una denuncia puede retirarse?

Esta idea no surgió por casualidad.

En muchos países existen situaciones en las que una persona puede retirar su denuncia y, con ello, el asunto queda terminado.

Además, es muy común confundir un proceso penal con un conflicto de carácter civil.

Si el problema se refiere a una deuda, daños materiales u otro tipo de controversia civil, las partes, en muchos casos, pueden llegar a un acuerdo por su cuenta.

Pero la violencia doméstica pertenece a una categoría completamente diferente.

Cuando la policía determina que existen motivos suficientes para creer que se ha cometido un delito, se inicia un proceso penal.

A partir de ese momento, el sistema de justicia comienza a funcionar conforme a sus propias normas.

¿Qué ocurre después del arresto?

Después del arresto, el oficial redacta el informe policial y remite el expediente del caso.

Ese expediente incluye las declaraciones de las partes involucradas, fotografías, grabaciones de las cámaras corporales (body-worn cameras), información sobre las lesiones, declaraciones de testigos y cualquier otra prueba recopilada durante la investigación.

Posteriormente, todo ese material es enviado a la fiscalía.

Es allí donde se toma la decisión sobre si continuará el proceso penal.

Hay un aspecto que es fundamental comprender.

El fiscal no evalúa únicamente la voluntad de la presunta víctima.

También analiza todas las pruebas que forman parte del expediente.

Si considera que existe evidencia suficiente para continuar con la acción penal, el caso puede seguir adelante aunque la presunta víctima haya cambiado de opinión.

Para muchas familias, esta es una de las mayores sorpresas de todo el proceso.

¿Significa eso que la opinión de la presunta víctima no tiene ninguna importancia?

No.

Y ese es otro error muy frecuente.

¿Es posible que un caso de violencia doméstica sea desestimado?

En algunos casos, sí.

Pero esa decisión no depende únicamente de que la presunta víctima solicite el cierre del caso.

Influyen numerosos factores, entre ellos la naturaleza de los cargos, las pruebas disponibles, la posición de la fiscalía, los requisitos establecidos por la ley y las circunstancias específicas

de cada caso.

Por esa razón, nadie puede responder honestamente a esa pregunta sin haber estudiado primero el expediente de la investigación.

Si alguien le promete que el caso será desestimado únicamente porque la presunta víctima cambió de opinión, conviene recibir esa afirmación con mucha cautela.

Cada caso es diferente.

La principal idea que quiero transmitir en este capítulo

Después de un conflicto de violencia doméstica, muchas personas siguen pensando como pareja. Creen que, si lograron reconciliarse, el problema ha desaparecido.

Pero, una vez que se produce un arresto, la situación deja de ser únicamente un conflicto familiar.

A partir de ese momento, ambas partes pasan a formar parte de un proceso penal.

Por eso, muchas de las decisiones importantes ya no se toman en la mesa de la cocina, sino dentro del sistema de justicia y con el asesoramiento de un abogado.

Aceptar esta realidad no siempre es fácil.

Sin embargo, cuanto antes la comprenda una persona, menos probabilidades tendrá de cometer errores que puedan perjudicar su caso.

Lo más importante que debe recordar

- El deseo de la presunta víctima de poner fin al caso no significa que el proceso penal vaya a ser desestimado automáticamente.
- Después del arresto, el expediente se remite a la fiscalía, que es la encargada de tomar las decisiones procesales correspondientes.
- La opinión de la presunta víctima es importante, pero constituye solo uno de los muchos factores que la fiscalía evalúa al decidir cómo proceder.
- No ignore las citaciones del tribunal ni de la fiscalía, aunque las partes ya se hayan reconciliado.
- Cada caso se analiza de manera individual, por lo que nadie puede predecir su resultado sin conocer los hechos y las pruebas específicas.

CAPÍTULO 8

Defensor público o abogado privado: qué elegir y cómo obtener ayuda legal

Después de un arresto, una de las primeras preguntas que casi todas las personas hacen es:

“Necesito un abogado de inmediato. ¿Pero qué hago si no tengo dinero?”

Es en ese momento cuando muchos escuchan por primera vez el término Public Defender, o defensor público.

Y enseguida surgen nuevas dudas.

"¿Realmente defenderá mis intereses?”

"¿O trabaja para la fiscalía?”

"¿Me conviene contratar un abogado privado?”

Alrededor de este tema existen numerosos mitos.

El más común es creer que un defensor público siempre ofrece una defensa de menor calidad que un abogado privado.

En realidad, eso no es cierto.

Un defensor público es un abogado con licencia para ejercer, igual que cualquier otro abogado. Su obligación profesional es defender los intereses de su cliente, no los de la policía, la fiscalía ni el tribunal.

Es cierto que los defensores públicos suelen manejar un gran número de casos penales al

mismo tiempo. Debido a esa elevada carga de trabajo, con frecuencia disponen de menos tiempo para dedicar a cada cliente.

Sin embargo, eso no significa que estén menos comprometidos con el resultado del caso o que sean menos competentes en su trabajo.

Muchos defensores públicos cuentan con una amplia experiencia en derecho penal y comparecen diariamente ante los tribunales, donde trabajan de forma constante con fiscales y jueces.

Por otro lado, un abogado privado suele tener la posibilidad de dedicar más tiempo a un caso específico.

Puede reunirse con mayor frecuencia con su cliente, analizar con más detalle la estrategia de defensa y ocuparse personalmente de aspectos que, debido a la carga de trabajo, un defensor público podría tener que posponer.

Pero tampoco conviene sacar conclusiones apresuradas.

El hecho de que un abogado cobre honorarios elevados no garantiza un buen resultado.

Del mismo modo, unos honorarios más bajos no significan que el abogado sea menos competente.

Lo verdaderamente importante es su preparación profesional, su experiencia y el compromiso que demuestre con el caso.

Otra pregunta que escuché con mucha frecuencia es:

"¿Cómo puedo obtener un defensor público?"

En Florida, al igual que en muchos otros estados, un defensor público no se asigna automáticamente a toda persona acusada de un delito.

Por lo general, el tribunal primero determina si la persona reúne los requisitos para recibir asistencia jurídica gratuita. Para ello, deberá proporcionar información sobre sus ingresos, bienes y situación económica.

Si el tribunal concluye que la persona no tiene recursos suficientes para contratar un abogado, le asignará un defensor público.

En cambio, si considera que cuenta con la capacidad económica para pagar un abogado privado, podrá negar esa solicitud.

Otro error frecuente es dejar esta decisión para más adelante.

Algunas personas piensan que pueden asistir solas a las primeras audiencias y buscar un abogado después.

Esa puede ser una decisión muy arriesgada.

Las primeras comparecencias ante el tribunal pueden influir de manera importante en el desarrollo del caso. Por ello, es recomendable resolver la cuestión de la representación legal lo antes posible.

La principal idea que quiero transmitir en este capítulo es muy sencilla.

No elija a un abogado basándose únicamente en rumores o en recomendaciones encontradas en Internet.

Tanto un defensor público como un abogado privado pueden ofrecer una representación legal competente y proteger eficazmente los intereses de su cliente.

Lo más importante es que la defensa comience a tiempo, que usted sepa quién representa sus intereses y que comprenda la estrategia que se está siguiendo en su caso.

Lo más importante que debe recordar

- Un defensor público es un abogado independiente; no representa a la policía, a la fiscalía ni al tribunal.
- La asistencia jurídica gratuita no se concede automáticamente, sino únicamente a quienes cumplen los requisitos establecidos por la ley.
- Un abogado privado suele poder dedicar más tiempo al caso, pero unos honorarios más altos no garantizan un mejor resultado.
- No retrase la decisión sobre su representación legal hasta las siguientes audiencias judiciales.
- Independientemente de quién lo represente, participe activamente en la preparación de su defensa y proporcione a su abogado toda la información relevante de manera oportuna.

CAPÍTULO 9

Cómo elegir un abogado y evitar errores

Después de un arresto, la mayoría de las personas intenta encontrar un abogado lo antes posible.

Es precisamente en ese momento cuando suelen atravesar uno de los períodos de mayor estrés de sus vidas. Les preocupa su familia, su trabajo, su reputación y su futuro. Lo único que desean es encontrar a alguien capaz de resolver todos sus problemas.

Lamentablemente, es también en esas circunstancias cuando más errores se cometen.

Después de publicar mis videos, recibo con frecuencia preguntas muy parecidas:

"¿Cómo puedo saber si un abogado realmente es bueno?"

"¿Conviene contratar al más caro?"

"Si un abogado me promete que el caso será desestimado, ¿debo creerle?"

"¿Importa cuántos años de experiencia tiene?"

No existe una respuesta única para todas esas preguntas.

Sin embargo, hay varios aspectos a los que siempre recomiendo prestar atención.

Lo primero es asegurarse de que el abogado se dedique principalmente al derecho penal.

Puede parecer algo evidente, pero en la práctica muchas personas contratan a un abogado que trabaja principalmente en divorcios, bienes raíces, derecho empresarial u otras áreas del derecho civil.

Incluso un excelente profesional en otra especialidad puede no tener la experiencia necesaria para defender un caso penal.

Si el caso está relacionado con violencia doméstica, es recomendable que el abogado tenga experiencia específica en este tipo de procesos y conozca cómo suelen investigarse y litigarse.

Otro error muy frecuente consiste en elegir un abogado únicamente por su publicidad.

Hoy en día es común encontrar anuncios que prometen "100 % de éxito", "desestimación

garantizada del caso" o "eliminación total de todos los cargos".

Ese tipo de promesas debe tomarse con mucha cautela.

Ningún abogado honesto puede saber de antemano cuál será la decisión de la fiscalía o del tribunal.

Si alguien garantiza un resultado antes siquiera de revisar el expediente, esa promesa debería hacerle reflexionar.

Durante la primera reunión, no tenga miedo de hacer preguntas.

Pregunte quién llevará personalmente su caso.

Averigüe si será el propio abogado o parte del trabajo quedará a cargo de otros miembros de su despacho.

Pregunte con qué frecuencia podrán revisar juntos la evolución del caso y cuál será la mejor forma de comunicarse si surge una situación urgente.

Pida que le expliquen, con un lenguaje sencillo, cuáles son los posibles escenarios y las distintas opciones disponibles.

Un buen abogado no debe prometer milagros.

Lo que sí debe hacer es explicarle con honestidad cuáles son los puntos fuertes y los puntos débiles de su situación.

También es importante prestar atención a la manera en que el abogado se comunica con usted.

Si el abogado lo escucha con atención, hace preguntas para aclarar los hechos, se interesa por los detalles y no se apresura a sacar conclusiones, esa suele ser una buena señal.

En cambio, si la conversación gira casi exclusivamente en torno a los honorarios y apenas se interesa por las circunstancias del caso, conviene preguntarse si realmente es el profesional adecuado para representarlo.

También es fundamental ser completamente sincero con su abogado.

Algunos clientes ocultan hechos que consideran inconvenientes porque creen que eso favorecerá su defensa.

En la práctica, suele ocurrir exactamente lo contrario.

Si el abogado descubre información importante cuando el proceso judicial ya está en marcha, es posible que no tenga tiempo suficiente para prepararse adecuadamente.

Por esa razón, debe contarle toda la verdad, incluso aquellos hechos que le resulten incómodos o que piense que podrían perjudicar su caso.

Otra pregunta que surge con frecuencia es si conviene cambiar de abogado cuando aparecen dudas sobre su trabajo.

En algunos casos, esas dudas pueden estar justificadas.

Sin embargo, no debería tomar esa decisión únicamente porque el abogado se negó a prometerle un resultado rápido o favorable.

Con frecuencia, un abogado con experiencia le dirá precisamente aquello que usted no quiere escuchar.

Y eso suele ser mucho más útil que recibir promesas atractivas que, en realidad, nadie puede garantizar.

La principal idea que quiero transmitir en este capítulo es muy sencilla.

Un buen abogado no es quien hace la publicidad más llamativa ni quien promete resultados imposibles.

Un buen abogado es un profesional que evalúa el caso con honestidad, conoce el derecho penal, le explica claramente las distintas alternativas y defiende sus intereses de manera constante y profesional.

Por eso, la elección de un abogado no debe basarse en el miedo ni en campañas publicitarias,

sino en una valoración serena de su experiencia, su preparación profesional y su verdadero compromiso con su caso.

Lo más importante que debe recordar

- Elija un abogado que se dedique habitualmente al derecho penal, no simplemente a cualquier área del derecho.
- Desconfíe de quien le garantice un resultado antes de conocer a fondo su caso.
- No tenga miedo de preguntar sobre la estrategia de defensa y la experiencia del abogado en casos similares.
- Sea completamente sincero con su abogado y comparta todos los hechos relevantes, incluso aquellos que considere desfavorables.
- Un buen abogado no promete milagros; le ayuda a tomar decisiones informadas y protege sus intereses con profesionalismo.

CAPÍTULO 10

La orden de protección: qué es y en qué se diferencia de un proceso penal

Después de un arresto o de un conflicto familiar, muchas personas comienzan a escuchar términos jurídicos que nunca antes habían oído. Uno de ellos es la orden de protección (injunction).

Cada vez que surgía este tema durante mi carrera, escuchaba preguntas muy similares:

"Ya fui arrestado. ¿Por qué necesito ahora una orden de protección?"

"¿No es suficiente con el proceso penal?"

"Si el caso penal se desestima, ¿la orden de protección también desaparece automáticamente?"

Es normal que exista esta confusión. Desde fuera, ambas situaciones parecen formar parte del mismo procedimiento.

Pero, en realidad, se trata de dos procesos completamente distintos e independientes entre sí.

Ese es el primer concepto que debe quedar claro.

¿Qué es una orden de protección?

En términos sencillos, una orden de protección es una resolución judicial que limita determinadas conductas de una persona respecto de otra.

Con frecuencia, prohíbe acercarse a la otra persona, llamarla por teléfono, enviarle mensajes, comunicarse con ella a través de familiares o amigos, o acudir a su domicilio, lugar de trabajou otros lugares especificados por el tribunal.

Este tipo de orden no se limita a los conflictos entre exesposos.

En Florida existen distintas clases de injunctions, entre ellas las relacionadas con violencia doméstica, violencia en las relaciones de pareja (dating violence), violencia reiterada (repeat violence), violencia sexual y acoso (stalking).

Por esa razón, antes de emitir una orden, el tribunal debe determinar si los hechos descritos cumplen con los requisitos establecidos por la ley.

¿Cuándo puede solicitarse una orden de protección?

Muchas personas creen que solo puede solicitarse después de un arresto.

Eso no es correcto.

En numerosos casos, una persona presenta la solicitud sin que exista un proceso penal.

Por ejemplo, una mujer afirma que teme a su expareja debido a amenazas o actos de violencia. Puede solicitar protección judicial aunque la policía nunca haya efectuado un arresto.

También puede ocurrir lo contrario.

Una persona es arrestada, el proceso penal ya está en marcha y, posteriormente, la presunta víctima solicita además una orden de protección.

En otras palabras, la existencia de un proceso penal no es un requisito para solicitar una orden de protección.

Y, del mismo modo, la existencia de una orden de protección no significa necesariamente que una persona vaya a enfrentar cargos penales.

Se trata de procedimientos independientes.

¿Qué ocurre después de presentar la solicitud?

Una vez presentada la petición, el juez revisa la información y los documentos aportados.

Si considera que los hechos descritos podrían justificar una protección inmediata, puede emitir una orden de protección temporal (Temporary Injunction).

Esa decisión puede adoptarse sin escuchar previamente a la otra parte.

Este aspecto suele generar indignación.

"¿Cómo es posible? Ni siquiera me permitieron explicar mi versión."

Entiendo perfectamente esa reacción.

Sin embargo, es importante recordar que una orden temporal no constituye la decisión definitiva del tribunal.

Su finalidad es mantener protegida la situación mientras el juez organiza una audiencia en la que ambas partes puedan ser escuchadas.

Posteriormente se celebra esa audiencia.

En ella, tanto el solicitante como la parte demandada tienen la oportunidad de presentar pruebas, llamar a testigos y aportar documentos, fotografías, mensajes, grabaciones telefónicas u otros elementos relacionados con el caso.

Solo después de esa audiencia el juez decide si debe emitirse una orden de protección permanente y cuáles serán sus condiciones.

¿Qué restricciones puede imponer el tribunal?

Cada caso es diferente.

Por ello, las condiciones de una orden de protección pueden variar considerablemente.

En algunos casos, el tribunal únicamente prohíbe cualquier tipo de contacto.

En otros, puede ordenar que la persona demandada abandone la vivienda compartida.

También puede establecer temporalmente reglas relacionadas con el contacto con los hijos cuando la ley lo permita y resulte necesario para proteger a las personas involucradas.

Además, el tribunal puede imponer otras restricciones previstas por la legislación aplicable.

Por ese motivo, nunca debe asumir que todas las órdenes de protección contienen las mismas condiciones.

Cada una debe leerse cuidadosamente.

¿Por qué es tan grave violar una orden de protección?

Este es uno de los errores más serios que suelen cometer muchas personas.

Después de la audiencia, la pareja se reconcilia.

La presunta víctima llama primero.

Propone reunirse.

Invita a la otra persona a regresar al domicilio.

Y entonces algunos piensan:

"Si ella está de acuerdo, ya no existe ningún problema."

Pero una orden de protección es una orden del tribunal.

Mientras el juez no la modifique o la deje sin efecto, sus condiciones siguen siendo obligatorias.

Muchas personas creen que la única forma de incumplirla es presentarse personalmente ante la otra parte.

En realidad, la violación también puede producirse mediante una llamada telefónica, un mensaje de texto, un correo electrónico, una comunicación enviada a través de terceros o cualquier otra conducta prohibida por la orden judicial.

Por eso siempre recomiendo leer cuidadosamente cada una de sus condiciones y no decidir por cuenta propia cuáles pueden ignorarse.

Si es necesario modificar la orden, la única forma correcta de hacerlo es solicitándolo al tribunal.

¿Puede dejarse sin efecto una orden de protección?

Sí, en determinadas circunstancias.

Pero eso no ocurre automáticamente.

Si las circunstancias han cambiado, cualquiera de las partes puede presentar una solicitud ante el tribunal para pedir que la orden sea modificada o revocada.

El juez evaluará los argumentos y decidirá si existen fundamentos legales para cambiar o dejar sin efecto la orden previamente emitida.

Hasta que el tribunal adopte esa decisión, las condiciones originales continúan plenamente vigentes.

Ignorarlas es una muy mala decisión.

La principal idea que quiero transmitir en este capítulo

Muchas personas consideran que una orden de protección es simplemente una continuación del proceso penal.

En realidad, se trata de un procedimiento judicial independiente, con objetivos, requisitos y reglas propias.

Por esa razón, no debe asumir que lo que ocurra en un proceso determinará automáticamente el resultado del otro.

Aunque el caso penal avance en una determinada dirección, eso no significa que el tribunal tomará la misma decisión respecto de la orden de protección.

Cuanto antes comprenda esa diferencia, menores serán las probabilidades de cometer errores que puedan generarle nuevos problemas legales.

Lo más importante que debe recordar

- La orden de protección (injunction) y el proceso penal son procedimientos jurídicos distintos e independientes.
- Puede solicitarse una orden de protección incluso cuando no exista un proceso penal.
- El tribunal puede emitir una orden de protección temporal antes de celebrar una audiencia completa.
- Después de la audiencia, el juez decidirá si corresponde dictar una orden permanente y cuáles serán sus condiciones.
- Incumplir una orden de protección puede tener consecuencias legales graves. Debe respetarla estrictamente hasta que el tribunal la modifique o la deje sin efecto.

CAPÍTULO 11

Acuerdo con la fiscalía: por qué no siempre conviene aceptarlo de inmediato

Después del arresto y de las primeras comparecencias ante el tribunal, muchas personas

comienzan a escuchar de su abogado una expresión nueva: acuerdo con la fiscalía.

Para quien nunca antes ha tenido contacto con el sistema penal de los Estados Unidos, esta posibilidad puede resultar difícil de entender.

"¿Por qué me ofrecen declararme culpable si considero que soy inocente?"

O, por el contrario:

"Si acepto el acuerdo, ¿todo terminará más rápido?"

Estas preguntas surgen en casi todas las personas que enfrentan por primera vez una acusación penal.

Lo primero que debe comprenderse es que la mayoría de los casos penales en los Estados Unidos no terminan en un juicio completo ante un jurado. En muchos casos, la fiscalía y la defensa negocian un acuerdo que permite resolver el proceso sin pasar por un juicio prolongado.

Sin embargo, eso no significa que deba aceptarse automáticamente.

Muchas personas cometen uno de dos errores.

Algunas están dispuestas a declararse culpables simplemente porque están agotadas y desean que todo termine cuanto antes.

Otras se niegan por completo a considerar cualquier propuesta de la fiscalía porque creen que hacerlo equivale a admitir que estaban equivocadas.

Ambas posturas extremas pueden ser perjudiciales.

Cada oferta de la fiscalía debe evaluarse tomando en cuenta las circunstancias específicas del caso.

Por esa razón, un buen abogado primero estudia cuidadosamente todo el expediente. Analiza las pruebas, evalúa la probabilidad de una condena, explica al cliente las posibles consecuencias de cada alternativa y solo entonces formula una recomendación.

También es fundamental recordar que las consecuencias de un acuerdo pueden ir mucho más allá de la pena impuesta en el proceso penal.

Para algunas personas, la principal preocupación será conservar su empleo.

Para otras, mantener el derecho a poseer armas de fuego.

También pueden verse afectadas las licencias profesionales.

Y para quienes no son ciudadanos estadounidenses, una declaración de culpabilidad por determinados delitos puede producir consecuencias migratorias graves.

Por esa razón, aceptar un acuerdo únicamente porque parece ser la salida más sencilla puede resultar extremadamente peligroso.

Existe además otro error muy frecuente.

Algunas personas comparan su caso con el de amigos, vecinos o conocidos.

"A mi vecino solo le dieron libertad condicional."

"Un amigo pagó una multa y con eso terminó todo."

Ese tipo de comparaciones rara vez resulta útil.

Aunque los cargos tengan el mismo nombre, las circunstancias de cada caso pueden ser muy diferentes. Influyen los antecedentes penales, la solidez de las pruebas, la gravedad de las lesiones, la presencia de menores durante el incidente, el uso de armas, la posición de la presunta víctima y muchos otros factores.

Por eso, prácticamente no existen dos casos penales idénticos.

El hecho de que la fiscalía ofrezca un acuerdo no significa que necesariamente deba aceptarlo.

Pero tampoco conviene rechazarlo de manera automática.

Cada propuesta debe analizarse con calma junto con su abogado. Es necesario comprender

sus ventajas y desventajas, así como las consecuencias que podría tener tanto de inmediato como dentro de varios años.

Quizás la conclusión más importante de este capítulo sea la siguiente.

La decisión de aceptar un acuerdo con la fiscalía es una de las más importantes de todo el proceso penal.

No debe tomarse por miedo, cansancio ni por los consejos de otras personas.

Debe basarse en una comprensión clara de las pruebas, la ley y las consecuencias que esa decisión puede tener específicamente en su vida.

Lo más importante que debe recordar

- Una oferta de la fiscalía no significa automáticamente que sea la mejor opción para usted.
- Antes de tomar una decisión, revise las pruebas y analice cuidadosamente la propuesta con su abogado.
- Una declaración de culpabilidad puede afectar su empleo, el derecho a poseer armas, sus licencias profesionales y su estatus migratorio.
- No compare su caso con el de otras personas; cada proceso penal tiene circunstancias distintas.
- Las decisiones más importantes de un caso penal deben tomarse únicamente después de comprender plenamente todas sus consecuencias.

CAPÍTULO 12

¿Es posible eliminar un arresto de su historial?

Cuando un proceso penal llega a su fin, muchas personas sienten un enorme alivio. Las audiencias han terminado, las restricciones comienzan a desaparecer y la vida poco a poco vuelve a la normalidad.

Es entonces cuando surge una pregunta en la que la mayoría nunca había pensado antes.

"¿Este arresto quedará en mi historial para siempre?"

"¿Podré conseguir un nuevo empleo?"

"¿Los empleadores podrán ver esta información?"

"¿Es posible eliminar el registro del arresto?"

Lamentablemente, existen muchos mitos sobre este tema.

Algunas personas creen que, si el caso penal fue desestimado o terminó a su favor, todos los registros desaparecen automáticamente de las bases de datos oficiales.

Otras están convencidas de que nunca es posible eliminar un arresto, sin importar las circunstancias.

En realidad, ninguna de esas afirmaciones es correcta.

Lo primero que debe entender es que un arresto, un proceso penal y una condena penal son conceptos jurídicos diferentes.

No significan lo mismo.

Aunque el caso haya sido desestimado o la persona haya sido declarada inocente, el registro del arresto puede seguir apareciendo en las bases de datos oficiales.

Por eso, muchas personas se sorprenden al descubrir que, años después, un posible empleador o una autoridad encargada de otorgar licencias profesionales todavía puede ver información relacionada con ese antiguo caso penal.

En Florida y en muchos otros estados existen procedimientos legales que, cuando se cumplen determinados requisitos, permiten restringir el acceso a esos registros o eliminarlos de la consulta pública.

En Florida, los procedimientos más comunes son el sealing y el expungement.

Aunque en el lenguaje cotidiano muchas personas utilizan ambos términos como si significaran lo mismo, desde el punto de vista jurídico son procedimientos diferentes, cada uno con requisitos y consecuencias específicas.

Por esa razón, nadie puede decir de antemano cuál de ellos, si alguno, es aplicable a su situación.

Todo dependerá del tipo de acusación, del resultado final del caso, de sus antecedentes penales y de otros factores establecidos por la ley.

Otro error frecuente consiste en creer que, si pasan algunos años, los registros desaparecerán por sí solos.

Por lo general, eso no ocurre.

Si la ley permite solicitar un sealing o un expungement, normalmente será necesario presentar una solicitud formal y cumplir con todos los requisitos previstos por la legislación.

También es importante comprender otro aspecto.

El hecho de que una persona reúna los requisitos para solicitar uno de estos procedimientos no significa que pueda hacerlo sin una preparación adecuada.

Un error en la documentación puede retrasar el trámite o incluso provocar que la solicitud sea

rechazada.

Por ello, en los casos más complejos suele ser recomendable consultar previamente con un abogado que tenga experiencia en este tipo de procedimientos.

Esto resulta especialmente importante para quienes trabajan en profesiones sujetas a licencias gubernamentales o relacionadas con las fuerzas del orden, la medicina, la educación o la inmigración.

Para estas personas, las consecuencias de un antiguo proceso penal pueden seguir siendo relevantes incluso muchos años después.

La principal idea que quiero transmitir en este capítulo es muy sencilla.

El hecho de que un proceso penal haya terminado no significa necesariamente que hayan desaparecido todas sus consecuencias.

Por eso, no conviene dejar para más adelante las decisiones relacionadas con su historial legal.

Si la ley le ofrece la posibilidad de reducir el impacto que un antiguo arresto puede tener en su vida, es preferible conocer esa opción cuanto antes y seguir el procedimiento establecido por la legislación.

Lo más importante que debe recordar

- Un arresto, un proceso penal y una condena penal son conceptos jurídicos diferentes.
- Aunque el caso haya sido desestimado, el registro del arresto puede seguir apareciendo en las bases de datos oficiales.
- En Florida existen los procedimientos de sealing y expungement, pero solo pueden utilizarse cuando se cumplen los requisitos establecidos por la ley.
- No espere que los registros desaparezcan automáticamente con el paso del tiempo.
- Si desea acogerse a alguno de estos procedimientos, averigüe con anticipación si reúne los requisitos y cuáles pueden ser las consecuencias legales en su caso específico.

CAPÍTULO 13

Las amenazas migratorias como forma de control

La violencia doméstica no siempre comienza con un golpe.

En muchas familias, el control aparece de manera gradual. Primero, uno de los miembros de la pareja comienza a controlar el dinero. Después, las relaciones sociales. Luego aparecen los celos, la revisión constante del teléfono, las prohibiciones de ver a amigos o familiares y, cuando todo eso deja de ser suficiente, comienzan las amenazas.

En las familias inmigrantes, el estatus migratorio se convierte con frecuencia en una herramienta de control.

Una persona que llegó recientemente a los Estados Unidos muchas veces conoce poco las leyes del país. No siempre entiende cómo funciona el sistema migratorio, qué derechos tiene ni cuáles decisiones dependen realmente de su cónyuge.

El agresor se aprovecha precisamente de ese desconocimiento.

Ni siquiera necesita conocer bien las leyes de inmigración. Le basta con hablar con seguridad y repetir constantemente las mismas frases:

"Sin mí no podrás quedarte en los Estados Unidos."

"Voy a cancelar todos tus documentos."

"Solo tengo que llamar a inmigración y te deportarán."

"Nadie va a investigar nada. Tú eres extranjero y yo soy ciudadano estadounidense."

Este tipo de amenazas rara vez ocurre una sola vez.

Por lo general, se convierte en parte de la vida cotidiana. La persona las escucha después de cada discusión, cada vez que menciona el divorcio o cuando intenta actuar con mayor

independencia.

Poco a poco, el miedo comienza a imponerse sobre el sentido común.

Eso es precisamente lo que busca el agresor.

Su objetivo no es demostrar que tiene razón. Su objetivo es conseguir que la otra persona deje de verificar la información y empiece a tomar decisiones guiándose únicamente por el miedo.

Con frecuencia, estas amenazas van acompañadas de un control absoluto sobre los documentos.

Uno de los cónyuges retiene los pasaportes, las tarjetas de residencia permanente, los certificados de nacimiento de los hijos y otros documentos migratorios, y los guarda bajo su control.

A veces lo presenta como una medida de protección o seguridad. Sin embargo, en la práctica, este comportamiento puede convertirse en otra forma de aumentar la dependencia.

La persona comienza a creer que ni siquiera puede pedir ayuda sin la autorización de su pareja.

Otra forma frecuente de presión es el aislamiento.

El agresor convence a su pareja de que no hable con los vecinos, no haga amistades, no asista a clases de inglés, no busque trabajo y no consulte con abogados.

En ocasiones lo presenta como preocupación:

"Yo me encargaré de todo."

En otras, como una amenaza:

"Si empiezas a contarle a otras personas lo que ocurre en nuestra familia, tendrás problemas graves."

Cuanto menos sabe una persona sobre sus derechos y más reducido es su círculo de confianza, más fácil resulta controlarla.

Por eso, el abuso psicológico puede prolongarse durante años, aunque la violencia física ocurra con menor frecuencia.

Quiero transmitir una idea muy importante.

Las amenazas relacionadas con inmigración casi siempre se basan no en la ley, sino en el desconocimiento de la ley.

El agresor sabe que una persona asustada rara vez comprobará si sus palabras son ciertas.

Confía en que el miedo será más fuerte que el deseo de entender la situación.

Por esa razón, nunca permita que la persona interesada en controlarlo se convierta en su única fuente de información sobre sus derechos.

Si alguien lo amenaza con la deportación, la pérdida de sus documentos o la imposibilidad de permanecer en los Estados Unidos, no saque conclusiones apresuradas.

Estas cuestiones no deben resolverse basándose en una discusión familiar ni en las afirmaciones de su cónyuge.

Busque información en fuentes confiables.

Consulte con un abogado de inmigración calificado o comuníquese con una organización que ayude a víctimas de violencia doméstica.

Con frecuencia, después de una primera consulta, la persona descubre que muchas de las amenazas que la mantuvieron atemorizada durante años no tienen el fundamento legal que le hicieron creer.

A veces, conocer sus derechos se convierte en el primer paso para recuperar el control de su propia vida.

Lo más importante que debe recordar

- El estatus migratorio se utiliza con frecuencia como herramienta de control psicológico.
- El objetivo principal de estas amenazas es mantener a la persona en un estado constante de miedo y evitar que tome decisiones por sí misma.
- El control de los documentos y el aislamiento social suelen formar parte de una estrategia más amplia de abuso.
- No considere las amenazas de su cónyuge como una fuente confiable de información sobre sus derechos migratorios.
- Si alguien lo amenaza con la deportación o con la pérdida de su estatus migratorio, consulte con un profesional calificado antes de tomar cualquier decisión.

CAPÍTULO 14

VAWA: por qué no debe creer cuando le dicen: "Sin mí te deportarán"

Si le pregunta a una persona que nunca ha vivido una situación de violencia doméstica por qué tantas víctimas permanecen durante años junto a su agresor, probablemente responderá:

"Porque todavía lo ama."

La realidad suele ser mucho más compleja.

Es cierto que los sentimientos pueden influir, pero con mucha más frecuencia la razón principal es otra: el miedo.

Esto se observa especialmente en las familias donde uno de los cónyuges llegó a los Estados Unidos desde otro país.

Con frecuencia, esa persona depende casi por completo de su esposo o esposa.

Todavía conoce poco las leyes estadounidenses, no domina el inglés, no tiene un empleo propio ni suficientes recursos económicos. A veces ni siquiera sabe cómo alquilar una vivienda, abrir una cuenta bancaria o encontrar un abogado sin ayuda.

Precisamente de esa dependencia se aprovecha el agresor.

Durante mi carrera conocí a muchas personas convencidas de que, sin su cónyuge, no tenían ningún derecho en los Estados Unidos.

Creían sinceramente que, si abandonaban el hogar, serían deportadas al día siguiente.

Muchas nunca intentaron comprobar si eso era cierto, porque durante años escucharon las mismas amenazas:

"Sin mí te quedarás sin papeles."

"Voy a llamar a inmigración y te expulsarán del país."

"Aquí no eres nadie."

"Nadie le creerá a una extranjera. Me creerán a mí porque soy ciudadano estadounidense."

Cuando estas frases se repiten día tras día, dejan de percibirse como simples amenazas y comienzan a sentirse como una realidad.

Eso es exactamente lo que busca el agresor.

Cuanto mayor es el miedo, más fácil resulta controlar a la otra persona.

Llega un momento en que la víctima ya no teme tanto a la violencia como a lo que ocurrirá si decide marcharse.

Durante muchos años, las autoridades estadounidenses observaron este problema.

Los legisladores comprendieron que muchas personas permanecían con su agresor no por decisión propia, sino porque creían que su futuro migratorio dependía completamente de él.

Por esa razón se aprobó la ley conocida como VAWA (Violence Against Women Act).

A pesar de su nombre, esta ley dejó hace mucho tiempo de proteger únicamente a las mujeres.

Cuando se cumplen los requisitos establecidos por la ley, también puede proteger a hombres que hayan sido víctimas de violencia doméstica cometida por un ciudadano estadounidense o por un residente permanente legal.

Lo primero que debe comprender es que VAWA no fue creada para obtener una residencia permanente de manera rápida ni para facilitar la inmigración.

Su verdadero propósito es otro.

La ley permite que una persona solicite protección migratoria por cuenta propia, cuando su cónyuge utiliza el estatus migratorio como un instrumento de control, intimidación o abuso.

Esto cambia completamente la situación.

Antes de que existieran estos mecanismos legales, muchas víctimas se sentían atrapadas.

Estaban convencidas de que todo su futuro dependía exclusivamente de la decisión de su cónyuge.

Hoy, la legislación estadounidense permite que una persona solicite protección de manera independiente, siempre que reúna los requisitos establecidos por la ley.

Sin embargo, alrededor de VAWA también existen numerosos mitos.

Algunas personas dicen:

"Solo tienes que llamar una vez a la policía y conseguirás los papeles."

Otras afirman exactamente lo contrario:

"Si tu esposo no fue arrestado, ni siquiera vale la pena intentarlo."

Ninguna de esas afirmaciones es correcta.

Como ocurre con cualquier otro trámite migratorio, cada solicitud presentada bajo VAWA se analiza de forma individual.

Las autoridades migratorias no basan su decisión en un único documento, sino en el conjunto de las pruebas presentadas.

Los informes policiales, los registros médicos, las fotografías de las lesiones, los expedientes judiciales, las declaraciones de testigos y otros elementos de prueba pueden ser muy importantes.

Sin embargo, ninguno de ellos garantiza por sí solo la aprobación del caso.

Del mismo modo, la ausencia de un documento específico no significa automáticamente que la persona pierda el derecho a solicitar esta protección.

Por eso siempre desconfío de quienes prometen un resultado garantizado después de unos pocos minutos de conversación.

El derecho migratorio no funciona mediante fórmulas universales.

Cada historia es diferente, y son esas diferencias las que determinan el resultado del caso.

También quisiera transmitir otra idea importante.

Con demasiada frecuencia, las víctimas de violencia doméstica buscan ayuda cuando ya ha pasado mucho tiempo.

No porque no quisieran irse antes, sino porque durante años estuvieron convencidas de que no existía ninguna salida.

Lamentablemente, los agresores conocen muy bien el poder de ese miedo y, muchas veces, lo utilizan con más eficacia que la propia violencia física.

Si usted se encuentra en una situación semejante, no tome decisiones que puedan cambiar su vida basándose en las palabras de alguien cuyo objetivo es mantener el control sobre usted.

Esas amenazas pueden no tener ninguna relación con la forma en que realmente funciona la legislación estadounidense.

Lo mejor que puede hacer es consultar con un abogado de inmigración calificado que tenga

experiencia en casos de VAWA.

Con frecuencia, una sola consulta basta para que la persona descubra que su situación no es tan desesperada como le hicieron creer durante años.

En muchos casos, ese es el primer paso hacia una vida libre de violencia.

Lo más importante que debe recordar

- Los agresores utilizan con frecuencia el estatus migratorio de su pareja como una forma de control y presión psicológica.
- VAWA fue creada para proteger a las víctimas de ese tipo de abuso, no para facilitar la obtención de beneficios migratorios.
- Cada caso se evalúa individualmente; no existen fórmulas universales ni resultados garantizados.

- No tome decisiones basándose en las amenazas de su cónyuge ni en consejos encontrados en Internet.
- Si la violencia doméstica va acompañada de amenazas de deportación o de pérdida del estatus migratorio, busque cuanto antes el asesoramiento de un abogado de inmigración con experiencia en casos de VAWA.

CAPÍTULO 15

La residencia permanente condicional y la violencia doméstica

Después de hablar sobre VAWA, es momento de abordar otro tema que genera mucho miedo entre las víctimas de violencia doméstica.

Con frecuencia, la preocupación no es simplemente:

"Tengo miedo de dejar a mi esposo."

Lo que realmente dicen muchas personas es:

"Solo tengo una residencia permanente condicional. Si me voy ahora, perderé mi derecho a vivir en los Estados Unidos."

Escuché esas palabras muchas veces durante mi carrera.

En muchos casos, la persona acaba de llegar al país después de casarse. Todavía no ha conseguido trabajo, conoce poco las leyes estadounidenses, no domina el inglés y depende casi por completo de su cónyuge.

En esas circunstancias, cualquier referencia al estatus migratorio se convierte en una poderosa herramienta de intimidación.

El agresor lo sabe perfectamente.

Por eso, la residencia permanente condicional suele convertirse en uno de sus principales instrumentos de control psicológico.

"Todavía falta mucho para que obtengas la residencia permanente."

"Sin mí nunca la conseguirás."

"Simplemente no firmaré los documentos."

"En cuanto te vayas, inmigración cancelará todo."

Cuando estas amenazas se repiten una y otra vez, la víctima comienza a creer que realmente no tiene ninguna alternativa.

Sin embargo, antes de tomar cualquier decisión, es importante entender cómo funciona la residencia permanente condicional.

Cuando un matrimonio tiene menos de dos años al momento de obtener la residencia permanente legal, la legislación migratoria de los Estados Unidos establece la emisión de una residencia permanente condicional válida por dos años.

Este sistema fue creado para combatir los matrimonios fraudulentos.

La intención es que, al finalizar ese período, ambos cónyuges demuestren conjuntamente que el matrimonio fue celebrado de buena fe y no con fines exclusivamente migratorios.

Es precisamente aquí donde muchas personas se equivocan.

Creen que, si la relación termina antes de que concluyan esos dos años, perderán automáticamente el derecho a permanecer en el país.

Eso no siempre es cierto.

La legislación migratoria estadounidense contempla varias excepciones a esa regla general.

Una de ellas se aplica precisamente a las víctimas de violencia doméstica.

Cuando una persona ha sido víctima de abuso por parte de su cónyuge y cumple los requisitos establecidos por la ley, puede presentar determinadas solicitudes migratorias sin la participación del agresor.

Por esa razón, la amenaza:

"No firmaré los documentos y te deportarán."

no siempre refleja la realidad jurídica.

Esto tampoco significa que la residencia permanente condicional se convierta automáticamente en una residencia permanente sin condiciones.

Tampoco basta con afirmar que existieron problemas familiares.

Cada caso se analiza individualmente.

Las autoridades migratorias evalúan todas las pruebas presentadas y verifican si se cumplen los requisitos legales.

Lo importante es comprender el principio que inspira estas normas.

El agresor no debe poder utilizar el estatus migratorio de otra persona como un instrumento para controlar completamente su vida.

Precisamente por eso la legislación estadounidense prevé mecanismos de protección para quienes se encuentran en esta situación.

También quisiera mencionar otro error muy frecuente.

Algunas personas tienen tanto miedo de perder su residencia permanente condicional que dejan de buscar ayuda por completo.

No llaman a la policía.

No acuden al médico después de sufrir una agresión.

No cuentan a nadie lo que está ocurriendo.

Continúan viviendo en una situación peligrosa porque están convencidas de que, si abandonan la relación, serán deportadas de inmediato.

Esa decisión puede tener consecuencias mucho más graves.

En primer lugar, la violencia doméstica rara vez desaparece por sí sola.

En muchos casos, con el paso del tiempo se vuelve más grave.

En segundo lugar, no buscar ayuda no resuelve ningún problema migratorio.

Por el contrario, la persona pierde la oportunidad de recibir asesoramiento jurídico oportuno y de conocer cuáles son realmente las opciones disponibles en su situación.

Por eso siempre recomiendo conocer primero cuáles son sus derechos y, solo después, tomar decisiones.

No construya su vida sobre las amenazas de alguien cuyo objetivo es mantener el control sobre usted.

Consulte con un abogado de inmigración con experiencia.

Pídale que le explique cuáles son las opciones disponibles específicamente en su caso.

Con mucha frecuencia, esa primera consulta permite descubrir que la situación no es tan desesperada como la víctima creyó durante años.

En decisiones tan importantes, debe ser el conocimiento de la ley —y no el miedo— lo que guíe sus pasos.

Lo más importante que debe recordar

- Las personas con residencia permanente condicional suelen ser objeto de amenazas relacionadas con su estatus migratorio.
- La afirmación "no firmaré los documentos y te deportarán" no siempre refleja lo que establece la legislación migratoria de los Estados Unidos.
- La ley contempla mecanismos de protección para las víctimas de violencia doméstica, aunque cada caso se evalúa individualmente.
- No deje de buscar ayuda jurídica únicamente por miedo a perder su estatus migratorio.
- La mejor manera de conocer sus opciones es consultar con un abogado de inmigración calificado que tenga experiencia en este tipo de casos.

CAPÍTULO 16

La visa U: ¿puede una víctima de violencia doméstica obtener protección migratoria?

Durante mis años como detective, me encontré en numerosas ocasiones con personas que tenían miedo de llamar a la policía porque no contaban con un estatus migratorio legal.

Algunas me decían:

"Me van a deportar."

"Si llamo a la policía, inmediatamente me entregarán a inmigración."

"Prefiero soportar la violencia antes que perder la oportunidad de quedarme en los Estados Unidos."

En muchos casos, los agresores se aprovechaban precisamente de ese miedo.

Les repetían frases como:

"Nadie te va a ayudar."

"Si llamas a la policía, te deportarán."

"Si le cuentas a alguien lo que ocurre, te expulsarán del país."

Con frecuencia, estas amenazas forman parte del abuso psicológico y no siempre reflejan la realidad de la legislación estadounidense.

Para algunas víctimas, una posible vía de protección migratoria puede ser la visa U (U Visa).

¿Qué es la visa U?

La visa U es un programa especial de inmigración creado por el Congreso de los Estados Unidos para proteger a determinadas víctimas de ciertos delitos graves.

Su objetivo es doble: ayudar a las autoridades a investigar y procesar estos delitos, y al mismo tiempo brindar protección migratoria a quienes los han sufrido.

La violencia doméstica figura entre los delitos que, bajo determinadas circunstancias, pueden dar lugar a una solicitud de visa U.

Sin embargo, es importante comprender que la visa U no se concede automáticamente porque la víctima haya llamado a la policía o porque el agresor haya sido arrestado.

¿Quién puede reunir los requisitos para una visa U?

Cada caso se analiza individualmente.

Por lo general, es necesario demostrar que:

- la persona fue víctima de un delito incluido en la lista establecida por la ley;
- el delito ocurrió en los Estados Unidos o violó la legislación estadounidense;

- la víctima sufrió daños físicos o psicológicos importantes;
- la víctima posee información sobre el delito;
- la víctima ha colaborado, está colaborando o está dispuesta a colaborar con las autoridades durante la investigación o el proceso judicial.

Todos estos requisitos deben respaldarse con pruebas y documentación.

¿Qué significa colaborar con las autoridades?

Muchas personas creen que basta con llamar una sola vez al 911.

En la práctica, eso no es suficiente.

La colaboración puede incluir:

- proporcionar declaraciones veraces a la policía;
- participar en la investigación;
- entregar las pruebas disponibles;
- responder a las preguntas de los investigadores o de la fiscalía;
- comparecer ante el tribunal cuando sea necesario.

Si una persona se niega deliberadamente a colaborar sin una razón válida, esa decisión puede afectar la posibilidad de obtener una visa U.

¿Por qué es tan importante la certificación de las autoridades?

Uno de los documentos obligatorios es una certificación oficial que confirma que la víctima ha colaborado con las autoridades.

Este documento solo puede ser firmado por funcionarios autorizados de las fuerzas del orden o de la fiscalía.

Es muy importante entender que las autoridades no están obligadas a emitir esa certificación.

Si consideran que la víctima no colaboró, proporcionó información falsa o se negó injustificadamente a participar en la investigación, pueden negarse a firmarla.

Incluso el hecho de que el agresor haya sido arrestado no garantiza que esa certificación vaya a ser emitida.

Obtener la certificación no significa obtener la visa U

Aunque las autoridades certifiquen la colaboración de la víctima, la decisión final no corresponde a la policía.

La solicitud será evaluada por el Servicio de Ciudadanía e Inmigración de los Estados Unidos (USCIS).

USCIS analizará, entre otros aspectos:

- si el solicitante cumple con los requisitos legales;
- si las pruebas presentadas son suficientes;
- si existe alguna circunstancia que impida conceder la protección migratoria.

Si el agresor amenaza con deportarlo

Frases como:

"Voy a denunciarte ante inmigración."

"Te van a deportar."

"La policía trabaja para ICE."

son utilizadas con frecuencia como una forma de presión psicológica.

Eso no significa que una persona perderá automáticamente el derecho a permanecer en los Estados Unidos por haber denunciado un delito a la policía.

Si el agresor utiliza este tipo de amenazas para controlarlo, informe de ello a la policía y a su abogado.

Esa información puede ser importante para la investigación y para comprender el contexto del

abuso.

¿Cuándo debe consultar a un abogado de inmigración?

Las solicitudes de visa U pertenecen al ámbito del derecho migratorio.

Por ello, después de denunciar el delito a la policía, es recomendable consultar lo antes posible con un abogado de inmigración debidamente autorizado.

Ese profesional podrá evaluar si su situación reúne los requisitos legales, qué pruebas será necesario reunir y si existen otras alternativas de protección migratoria que también puedan ser aplicables.

Lo más importante que debe recordar

- La visa U fue creada para proteger a determinadas víctimas de ciertos delitos, incluida la violencia doméstica.
- Presentar una denuncia ante la policía, por sí solo, no basta para obtener una visa U.

- Es necesario colaborar con las autoridades y cumplir todos los requisitos establecidos por la ley.
- La certificación de colaboración no se emite automáticamente y las autoridades pueden negarse a firmarla.
- La decisión final corresponde a USCIS, no a la policía.
- Si el agresor lo amenaza con la deportación, informe de esas amenazas tanto a la policía como a su abogado.
- Para cualquier asunto relacionado con la visa U, consulte con un abogado de inmigración autorizado y con experiencia en este tipo de casos.

CAPÍTULO 17

Falsas acusaciones de violencia doméstica: cómo intenta la policía establecer la verdad

Uno de los aspectos más difíciles de las investigaciones por violencia doméstica es que los policías casi nunca presencian el conflicto.

En la gran mayoría de los casos, cuando llegan al lugar de los hechos, todo ya ha terminado. Los involucrados están en habitaciones separadas, se han calmado o, por el contrario, continúan acusándose mutuamente. En ocasiones, ambos están convencidos de que ellos son la verdadera víctima.

Por eso, la misión del oficial no consiste en decidir quién es culpable en unos pocos minutos, sino en reconstruir lo que realmente ocurrió.

Con frecuencia, después de ver mis videos, algunas personas me escriben diciendo que la policía siempre cree a quien llamó primero al 911 o que automáticamente toma partido por la mujer.

En la práctica, la situación es mucho más compleja.

Es cierto que la primera llamada al 911 puede ser importante, pero no constituye una prueba de quién fue la víctima del delito.

Para el oficial, esa llamada es simplemente el motivo por el cual acude al lugar e inicia la investigación.

Por esa razón, los policías casi siempre entrevistan por separado a cada una de las personas involucradas.

Escuchan cuidadosamente sus versiones, comparan los relatos y prestan atención a detalles que muchas personas consideran insignificantes.

¿Coinciden las declaraciones con lo que los oficiales observan en el lugar?

¿Las lesiones son compatibles con la versión de los hechos?

¿Existen señales de forcejeo dentro de la vivienda?

¿Hay muebles o vajilla dañados?

¿Existen grabaciones de cámaras de seguridad?

¿Qué escucharon los vecinos?

¿Qué muestran las cámaras corporales de los propios policías desde el momento en que llegaron?

Es precisamente a partir de todos esos elementos que comienza a construirse una imagen completa de lo sucedido.

Si existen testigos, la policía también procurará obtener sus declaraciones.

En algunos casos, las fotografías, los mensajes de texto, las conversaciones electrónicas o las grabaciones de cámaras de vigilancia pueden desempeñar un papel decisivo.

En ocasiones, son precisamente esas pruebas las que confirman o contradicen la versión de una de las partes.

Por supuesto, eso no significa que la policía nunca se equivoque.

Los errores son posibles en cualquier profesión.

Sin embargo, afirmar que la policía no investiga y simplemente cree a quien llamó primero al 911 no refleja la realidad.

Otro error muy frecuente ocurre inmediatamente después de la llegada de los agentes.

Algunas personas comienzan a discutir con los oficiales de forma emocional.

Los interrumpen.

Intentan demostrar que tienen razón levantando la voz.

Acusan a la otra persona de todos los males.

En ocasiones exigen que el otro sea arrestado de inmediato o, por el contrario, se indignan porque la policía haya acudido al lugar.

Créame: ese comportamiento casi nunca ayuda.

Un oficial de policía no toma decisiones basándose en quién habla más fuerte o quién se muestra más indignado.

Al contrario, una actitud agresiva, los gritos, negarse a responder preguntas o intentar obstaculizar la investigación solo pueden complicar aún más la situación.

Si está convencido de que dice la verdad, permita que el oficial haga su trabajo.

Responda a las preguntas con sinceridad.

No interrumpa.

No intente dirigir la investigación.

Y no discuta con el policía en el lugar de los hechos, aunque considere que está llegando a conclusiones equivocadas.

Si cree que el oficial ha cometido un error, discutir con él en la entrada de la casa o en la cocina difícilmente cambiará la situación.

Su obligación es tomar una decisión con base en la información de la que dispone en ese momento.

Si el caso llega a los tribunales, usted tendrá la oportunidad de presentar pruebas, contar con la asistencia de un abogado, llamar a testigos e impugnar las conclusiones de la acusación conforme a los procedimientos legales.

Otro error común consiste en intentar convencer a la otra persona de que cambie su declaración o retire la denuncia.

Una vez iniciada la investigación, ese tipo de conductas no solo rara vez ayuda, sino que incluso puede generar nuevos problemas legales.

La mejor actitud es mantener la calma, cumplir las instrucciones legales de la policía y recordar que la investigación no termina cuando la patrulla abandona el lugar.

La principal idea que quiero transmitir en este capítulo es muy sencilla.

En los casos de violencia doméstica, la verdad casi nunca se determina por una sola llamada telefónica ni por una única declaración.

Se construye a partir de decenas de detalles que la policía comienza a recopilar desde el primer momento en que llega al lugar de los hechos.

Por eso, las emociones casi nunca ayudan.

Es mucho más importante conservar la calma, no obstaculizar el trabajo de los oficiales y comprender que las conclusiones finales del caso se basarán en el conjunto de las pruebas, y no en quién discutió más con la policía.

Lo más importante que debe recordar

- La primera llamada al 911 no determina automáticamente quién es la víctima.
- La policía tiene la obligación de investigar todas las circunstancias y reunir la mayor cantidad posible de pruebas.
- No discuta con los oficiales ni intente convencerlos de tomar una decisión inmediata en el lugar de los hechos.
- Si no está de acuerdo con las actuaciones de la policía, defienda su posición por los medios legales y con la ayuda de un abogado.
- En los casos de violencia doméstica, las pruebas tienen mucho más peso que las emociones de las personas involucradas.

CAPÍTULO 18

Violencia sexual dentro del matrimonio o de una relación: por qué el consentimiento siempre importa

Cuando las personas escuchan la expresión "violencia sexual", la mayoría imagina el ataque de un desconocido en un callejón oscuro o un delito cometido por alguien a quien la víctima nunca había visto.

Por eso, muchas personas se sorprenden al descubrir que este tipo de acusaciones también pueden presentarse contra un esposo, una esposa, un excónyuge o una persona con la que la víctima ha mantenido una relación durante muchos años.

Uno de los conceptos erróneos más frecuentes que encontré durante mi carrera se resumía en frases como:

"Pero somos marido y mujer."

"Llevamos muchos años viviendo juntos."

"¿Cómo puede hablarse de violencia sexual entre esposos?"

A primera vista, estas preguntas pueden parecer comprensibles.

Muchas personas crecieron creyendo que el matrimonio implica un consentimiento permanente para mantener relaciones sexuales.

Sin embargo, la legislación estadounidense parte de un principio completamente distinto.

El matrimonio no priva a una persona del derecho a decidir sobre su propio cuerpo.

Así como cualquier persona puede negarse a realizar otra acción, también tiene derecho a rechazar una relación íntima.

Ese principio se aplica independientemente de que las personas estén legalmente casadas, convivan o simplemente mantengan una relación sentimental.

Por esa razón, una investigación de este tipo no comienza preguntando cuál es la relación entre las partes.

Lo que realmente interesa a los investigadores es otra cuestión:

¿Existió un consentimiento libre y voluntario?

Si no existió consentimiento:

- ¿cómo ocurrió el contacto sexual?
- ¿se utilizó fuerza física?
- ¿hubo amenazas?
- ¿la persona se encontraba en condiciones que le impedían tomar una decisión libre?

Son estas preguntas las que tienen importancia para la investigación.

En varias ocasiones vi a personas investigadas que sinceramente no entendían por qué estaban enfrentando una acusación penal.

Decían que llevaban muchos años casados, tenían hijos y siempre habían mantenido relaciones íntimas.

Sin embargo, durante la investigación se descubría que la presunta víctima había dicho repetidamente que no, había pedido que la situación terminara o había accedido únicamente por miedo a sufrir más violencia.

Esas circunstancias pueden cambiar por completo la valoración jurídica de los hechos.

Existe otro error frecuente.

Algunas personas creen que, si la pareja continuó viviendo junta después del incidente, entonces necesariamente no pudo haberse cometido ningún delito.

Esa conclusión es incorrecta.

La violencia doméstica rara vez sigue un patrón sencillo.

Muchas familias continúan viviendo juntas incluso después de conflictos muy graves.

Algunas personas esperan salvar la relación.

Otras temen quedarse sin recursos económicos o sin vivienda.

Algunas piensan en sus hijos.

Otras tienen miedo de nuevas amenazas o represalias.

Por ello, el hecho de que la convivencia continúe no demuestra, por sí solo, lo que realmente ocurrió.

Precisamente por esa razón, las autoridades no evalúan un solo hecho aislado, sino el conjunto de todas las pruebas disponibles.

Como sucede en cualquier investigación de un delito grave, la policía intenta reconstruir lo ocurrido de la manera más completa posible.

Se analizan las declaraciones de ambas partes.

Cuando corresponde, se solicitan exámenes médico-forenses.

También se revisan mensajes, conversaciones electrónicas, registros telefónicos, grabaciones de cámaras de seguridad, informes periciales, declaraciones de testigos y cualquier otra prueba que pueda confirmar o desmentir una determinada versión de los hechos.

Muchas personas creen erróneamente que estos casos siempre van acompañados de lesiones físicas graves.

Eso no siempre ocurre.

En algunos casos existen señales evidentes de forcejeo.

En otros, apenas hay lesiones visibles o no las hay en absoluto.

La ausencia de lesiones externas no significa automáticamente que no se haya cometido un delito.

Del mismo modo, la existencia de lesiones no demuestra por sí sola la culpabilidad de una persona determinada.

Cada caso requiere una investigación cuidadosa, objetiva y basada en la totalidad de las pruebas disponibles.

La principal idea que quiero transmitir en este capítulo es muy sencilla.

El matrimonio, la convivencia o una relación de muchos años no eliminan el derecho de una persona a decidir libremente sobre su vida sexual y sobre su propio cuerpo.

Por esa razón, las autoridades estadounidenses investigan este tipo de denuncias con la misma seriedad que cualquier otro delito contra la integridad de la persona.

Cuanto mejor comprendamos este principio, menor será el riesgo de actuar guiados por mitos o creencias equivocadas que pueden tener consecuencias muy graves.

Lo más importante que debe recordar

- El matrimonio o una relación de larga duración no implican un consentimiento permanente para mantener relaciones sexuales.
- Lo que determina la investigación es la existencia o la ausencia de un consentimiento libre y voluntario, no el estado civil de las personas involucradas.
- Que la pareja haya continuado viviendo junta después del incidente no significa que no se haya cometido un delito.
- La ausencia de lesiones visibles no impide que exista una investigación penal.
- Cada caso se analiza individualmente, teniendo en cuenta el conjunto de todas las pruebas y no un solo hecho aislado.

CAPÍTULO 19

Si dejo a mi esposo estadounidense, ¿me quitarán a mis hijos?

Cuando hay hijos en la familia, el miedo suele ser aún mayor.

Durante mis años de servicio escuché muchas veces historias muy parecidas.

Una mujer me decía que llevaba tiempo queriendo abandonar a su esposo, pero siempre desistía porque él repetía la misma amenaza:

"Atrévete a irte y nunca volverás a ver a los niños."

En algunos casos, el esposo afirmaba que, por ser ciudadano estadounidense, ganaría automáticamente cualquier juicio.

En otros, aseguraba que una persona extranjera no tenía ningún derecho.

También escuché a mujeres convencidas de que, si llamaban a la policía, el gobierno les quitaría inmediatamente a sus hijos y los enviaría a una familia de acogida.

Cuando una persona vive durante años bajo amenazas constantes, es fácil terminar creyéndolas.

Por eso, lo primero que quiero decir es esto:

No acepte esas amenazas como si fueran la verdad solo porque el agresor las repita con seguridad.

La realidad jurídica es mucho más compleja.

Lo primero que debe comprender es que un tribunal de familia no decide la custodia basándose en la ciudadanía de los padres.

La pregunta principal que analizan los jueces es otra:

¿Qué es lo que mejor protege el interés superior del menor?

Por esa razón, el tribunal evalúa muchos factores distintos.

Analiza cómo cada uno de los padres ha cuidado al niño.

Quién ha participado en su crianza.

Si existen indicios de violencia.

Si alguno de los padres representa un riesgo para el menor.

Y si ambos son capaces de ofrecer un entorno seguro, estable y adecuado para su desarrollo.

Eso significa que el hecho de no ser ciudadano estadounidense no convierte automáticamente a una persona en un mal padre o una mala madre, ni le hace perder el derecho a criar a sus hijos.

También es importante comprender otro aspecto.

La violencia doméstica no afecta únicamente a los adultos.

Aunque el menor nunca haya sufrido una lesión física, puede crecer en un ambiente de miedo constante, escuchar gritos, presenciar agresiones o vivir rodeado de amenazas.

Los tribunales estadounidenses y las agencias de protección infantil consideran estas situaciones con mucha seriedad, porque ese entorno puede causar un daño emocional profundo.

Por esa razón, cuando la policía responde a un incidente de violencia doméstica y descubre que los menores estaban presentes, normalmente deja constancia de ese hecho en sus informes.

En algunos casos, la información puede remitirse a los servicios de protección infantil para una evaluación adicional.

Eso no significa que los niños serán retirados automáticamente de la familia.

En la práctica, ese tipo de decisiones solo se adopta cuando existen fundamentos legales para considerar que el menor enfrenta un riesgo real para su seguridad o bienestar.

También existe otro mito muy extendido.

Algunas personas creen que basta con acusar al otro progenitor de violencia doméstica para que el tribunal les conceda automáticamente la custodia.

Eso tampoco es cierto.

Como ocurre en cualquier procedimiento judicial, el tribunal analiza las pruebas.

Los informes policiales, los registros médicos, las fotografías, las declaraciones de testigos, los mensajes, las grabaciones de cámaras y cualquier otra evidencia se valoran en conjunto.

Cada caso tiene circunstancias propias y, por ello, nadie puede predecir con certeza cuál será la decisión del juez.

Existe además un error opuesto.

Algunas mujeres tienen tanto miedo de perder a sus hijos que nunca hablan de la violencia y soportan el abuso durante años sin buscar ayuda.

Comprendo ese temor.

Pero también es importante recordar que la legislación estadounidense no tiene como objetivo separar a los niños de sus padres sin una razón legal suficiente.

Su propósito principal es proteger la seguridad y el bienestar del menor.

Por eso, cada situación se analiza de forma individual.

Si ya ha ocurrido un episodio de violencia doméstica y hay hijos involucrados, no tome decisiones basándose en las amenazas del otro progenitor.

Consulte con un abogado especializado en derecho de familia y, si también existen cuestiones migratorias, con un abogado de inmigración.

Cuanto antes conozca cuáles son realmente sus derechos, menor será la posibilidad de que el miedo lo lleve a tomar decisiones equivocadas.

La principal idea que quiero transmitir en este capítulo es muy sencilla.

Con mucha frecuencia, el agresor intenta convencer a la víctima de que, si abandona la relación, perderá absolutamente todo: su familia, sus hijos, sus documentos y su futuro.

Pero las amenazas no son la ley.

Antes de creer esas afirmaciones, averigüe cómo funcionan realmente los tribunales

estadounidenses.

Lo más importante que debe recordar

- Las amenazas de "quitarle a los hijos" son una forma muy común de control en los casos de violencia doméstica.
- Los tribunales de familia toman sus decisiones basándose en el interés superior del menor, no en la ciudadanía de los padres.
- Llamar a la policía no significa que los niños serán retirados automáticamente del hogar.
- Si los menores estaban presentes durante un episodio de violencia doméstica, ese hecho puede ser importante para las actuaciones posteriores.
- No tome decisiones basándose en las amenazas del otro progenitor. Infórmese sobre sus derechos con un profesional calificado.

CAPÍTULO 20

Conflictos familiares en presencia de los hijos

Durante las investigaciones de casos de violencia doméstica, escuché muchas veces la misma

frase:

"Pero nosotros nunca tocamos a los niños."

Quienes la pronunciaban solían hacerlo con total sinceridad. Estaban convencidos de que, si el menor no había sufrido lesiones y nadie le había levantado la mano, el conflicto solo concernía a los adultos.

Sin embargo, la realidad es mucho más compleja.

Para la policía, la fiscalía y los tribunales, la violencia doméstica no es únicamente un problema entre los miembros de la pareja.

Cuando los hijos están presentes durante un episodio de violencia, la situación adquiere una dimensión completamente distinta.

¿Por qué?

Porque un niño puede sufrir un daño profundo aunque nadie lo golpee.

Imagine una discusión familiar.

Los padres se gritan.

Uno agarra al otro del brazo.

Comienza una pelea.

Los objetos salen volando.

Se rompe la vajilla.

Todo ocurre mientras un niño de siete años permanece en la habitación de al lado, asustado.

Nadie lo golpea.

Pero ¿puede decirse realmente que no fue afectado por lo sucedido?

Por supuesto que no.

Durante mis años de servicio hablé con muchos niños que habían presenciado este tipo de escenas.

Muchos tenían dificultades para dormir.

Sentían miedo de volver a casa.

Se sobresaltaban con los ruidos fuertes.

Y vivían convencidos de que, en la próxima discusión, uno de sus padres terminaría matando al otro.

Precisamente por eso, los tribunales estadounidenses y las agencias de protección infantil toman estas situaciones muy en serio.

Esto no significa que, cada vez que la policía responde a una llamada por violencia doméstica, los niños sean retirados inmediatamente del hogar.

Esa también es una creencia equivocada.

La separación de un menor de su familia es una de las medidas más graves que puede adoptar el Estado y solo puede producirse cuando existen fundamentos legales que la justifiquen.

Sin embargo, si el oficial observa que los menores estuvieron presentes durante el incidente, normalmente dejará constancia de ello en su informe.

Registrará la edad de los niños.

Dónde se encontraban durante el conflicto.

Qué vieron o escucharon.

Y si estuvieron expuestos a un peligro inmediato.

Cuando sea necesario, esa información podrá remitirse a las autoridades responsables de la protección infantil para una evaluación adicional.

Muchos padres interpretan este procedimiento como un castigo.

En realidad, el objetivo del Estado es muy distinto.

No se trata de castigar a los padres.

Se trata de determinar si el entorno familiar es seguro para el menor.

En algunos casos, después de la investigación no será necesaria ninguna medida adicional.

En otros, se ofrecerán programas de apoyo o servicios para la familia.

Y únicamente en las situaciones más graves, cuando existan fundamentos legales para considerar que el menor corre un peligro real, podrán adoptarse medidas de mayor alcance.

Hay otro aspecto en el que pocas personas piensan durante una discusión familiar.

Con frecuencia, los niños no presencian un solo episodio de violencia, sino muchos.

Durante la investigación, los oficiales pueden descubrir que el menor ya había visto escenas similares en otras ocasiones, había escuchado amenazas o incluso había intentado proteger a uno de sus padres.

Esas circunstancias ayudan a comprender mejor lo que ocurría dentro de la familia mucho antes del último llamado a la policía.

Por eso no debe sorprenderle que, durante una investigación, los oficiales no solo entrevisten a los adultos, sino que también se interesen por la situación de los hijos.

Su misión no es encontrar un culpable a cualquier precio.

Su responsabilidad es determinar si el entorno era seguro para todos los miembros de la familia.

Quisiera señalar también otro error muy común.

Algunos padres creen que, si envían a los niños a otra habitación, ellos no verán ni escucharán lo que está ocurriendo.

Lamentablemente, eso no siempre es cierto.

Los niños perciben muy bien la tensión dentro del hogar.

Escuchan los gritos a través de las puertas cerradas.

Ven los objetos rotos.

Observan las lágrimas de sus padres.

Y muchas veces comprenden mucho más de lo que los adultos imaginan.

Quizá por eso, los casos que más me costaba investigar eran aquellos en los que la violencia doméstica ocurría delante de los hijos.

Aunque el niño no sufriera una sola lesión física, las consecuencias emocionales podían acompañarlo durante muchos años.

Por eso mi consejo para todos los padres siempre ha sido el mismo.

Si siente que una discusión está perdiendo el control, haga todo lo posible para que los niños no sean testigos de ella.

En ocasiones, la mejor decisión es detener la discusión, salir de la habitación, tranquilizarse y continuar la conversación más tarde.

Ninguna discusión familiar vale la pena si un niño va a recordarla durante toda su vida.

Lo más importante que debe recordar

- La violencia doméstica en presencia de los hijos es mucho más grave de lo que muchas personas creen.
- Un menor puede sufrir un daño psicológico importante aunque nunca haya sido agredido físicamente.
- La policía documentará la presencia de los niños durante un incidente de violencia doméstica.

- Dependiendo de las circunstancias, la información puede ser remitida a las autoridades encargadas de la protección infantil.
- La mejor forma de proteger a un niño es evitar que sea testigo de la violencia doméstica.

CAPÍTULO 21

Daños a la propiedad durante un conflicto familiar, incluso cuando los bienes son compartidos

Durante los conflictos familiares, muchas personas hacen cosas que jamás harían en una situación de calma.

Alguien toma un teléfono y lo lanza contra la pared.

Otro derriba la puerta de un dormitorio.

Alguien rompe un televisor, una computadora portátil o un espejo.

En ocasiones, los daños afectan un automóvil.

Otras veces, los muebles, la ropa o incluso las fotografías familiares.

Después, muchas personas se sorprenden al descubrir que el caso puede no limitarse a una investigación por violencia doméstica, sino incluir también posibles cargos relacionados con daños a la propiedad.

Con mucha frecuencia escuché las mismas frases:

"Pero esta es mi casa."

"Compramos esos muebles entre los dos."

"Yo mismo le regalé ese teléfono."

"El automóvil está a nombre de los dos."

Ese razonamiento parece lógico.

La persona cree que, si el bien le pertenece total o parcialmente, puede hacer con él lo que quiera.

Sin embargo, en una investigación penal, las cosas no siempre funcionan de esa manera.

Cuando la policía responde a este tipo de incidentes, no solo presta atención a la posible violencia entre las personas.

Los oficiales también inspeccionan cuidadosamente el lugar.

Fotografían los objetos rotos, las puertas dañadas, las ventanas, los muebles, los electrodomésticos y cualquier otro elemento relacionado con el conflicto.

¿Por qué es tan importante?

Porque esos daños pueden ayudar a reconstruir lo que realmente ocurrió.

Pueden respaldar la versión de una de las partes o, por el contrario, contradecir las declaraciones de la otra.

Además, el daño intencional a la propiedad puede convertirse, por sí mismo, en objeto de una investigación penal independiente.

Existe otro error muy común relacionado con los bienes compartidos entre los cónyuges.

Algunas personas creen que, si un objeto fue comprado durante el matrimonio o pagado con dinero del patrimonio familiar, nadie puede exigir responsabilidades por destruirlo.

En la práctica, esa conclusión no siempre es correcta.

Cada caso se analiza de manera individual.

No solo importa quién es el propietario del bien.

También se consideran la conducta de la persona, las circunstancias del conflicto y la legislación vigente en el estado donde ocurrieron los hechos.

Quisiera referirme especialmente a los teléfonos celulares.

En muchos casos de violencia doméstica, el teléfono es uno de los primeros objetos que resulta dañado.

Uno de los miembros de la pareja se lo arrebata al otro, lo arroja al suelo o lo destruye para impedir que pueda llamar a la policía o grabar lo que está sucediendo.

Muchas personas consideran que se trata únicamente de una reacción impulsiva.

Sin embargo, para los investigadores, esos hechos pueden tener un significado muy distinto.

Especialmente si las pruebas demuestran que la intención era impedir que la víctima pidiera ayuda.

Otro error frecuente consiste en intentar eliminar rápidamente las consecuencias del conflicto antes de que llegue la policía.

Algunas personas reemplazan un vidrio roto, reparan una puerta o tiran a la basura los objetos dañados con la esperanza de que así no habrá preguntas.

Por lo general, ese comportamiento solo complica la situación.

Si la policía ya ha sido llamada, lo más prudente es no modificar el lugar de los hechos ni intentar "arreglar" lo ocurrido por cuenta propia.

La principal idea que quiero transmitir en este capítulo es muy sencilla.

Durante una discusión familiar, muchas personas solo piensan en sus emociones y no en las consecuencias legales de sus actos.

Sin embargo, en ocasiones, un teléfono destruido, una puerta derribada o un automóvil dañado terminan dando lugar a cargos adicionales que podrían haberse evitado simplemente deteniéndose a tiempo.

Lo más importante que debe recordar

- Los daños a la propiedad durante un conflicto familiar pueden convertirse en un cargo penal independiente.
- No suponga que puede destruir un bien compartido sin consecuencias legales solo porque fue adquirido durante el matrimonio.
- La policía presta especial atención a los daños causados a teléfonos celulares y otros medios de comunicación.
- No intente ocultar ni reparar los daños antes de la llegada de la policía.
- A veces, unos pocos minutos de ira pueden dar lugar a cargos penales adicionales que podrían haberse evitado.

CAPÍTULO 23

Presión sobre los testigos: por qué intentar "ponerse de acuerdo" puede dar lugar a un nuevo proceso penal

Después de un arresto, muchas personas no solo piensan en lo que ocurrió, sino también en quién podría declarar ante la policía o en el tribunal.

Es precisamente en ese momento cuando algunos cometen uno de los errores más graves: intentan influir en los testigos.

Y, en muchos casos, no lo hacen con malas intenciones.

Simplemente quieren explicar su versión de los hechos.

Le piden al testigo que "cuente lo que realmente pasó".

Le recuerdan la amistad que los une.

Le piden que no se involucre.

O incluso le solicitan que no hable con la policía.

A primera vista, esas peticiones pueden parecer inofensivas.

Sin embargo, una vez iniciada una investigación penal, pueden generar serias preocupaciones para las autoridades.

Durante una investigación, la policía y la fiscalía prestan especial atención a cualquier intento de influir en una persona que pueda prestar testimonio.

No importa si se trata de la víctima, un vecino, un familiar, un amigo de la familia o un testigo ocasional.

La verdadera pregunta es otra:

¿Intentó alguien modificar su comportamiento, influir en su declaración o interferir en la investigación?

Otro error frecuente consiste en utilizar a otras personas para hacerlo.

Por ejemplo, el acusado no llama personalmente al testigo, pero le pide a un familiar que hable con él.

O envía el mensaje a través de un amigo en común.

Algunas personas creen sinceramente que, mientras ellas no tengan contacto directo con el testigo, no existe ningún problema.

En la práctica, ese tipo de conductas también puede ser objeto de investigación.

La situación se vuelve especialmente grave cuando aparecen amenazas.

A veces son directas.

Otras veces son más sutiles.

"Será mejor que no vayas al juicio."

"Piensa bien en las consecuencias."

“Te va a ir peor si declaras.”

Aunque esas palabras se pronuncien en un momento de ira o desesperación, pueden tener consecuencias legales muy serias.

Igualmente grave es ofrecer dinero, favores o cualquier otro beneficio a cambio de una declaración favorable o de que el testigo deje de colaborar con las autoridades.

Ese tipo de conductas puede dar lugar a nuevos cargos penales que, en algunos casos, resultan tan graves como el proceso original.

Existe además otra situación que muchas personas subestiman.

Después del arresto, el acusado comienza a hablar del caso con familiares y amigos para convencerlos de que todos digan lo mismo o de que “no cuenten demasiado”.

Aunque esas conversaciones parezcan inocentes, pueden generar sospechas si las autoridades consideran que existe un intento de coordinar declaraciones.

Por eso, mi recomendación es muy sencilla.

Si ya existe un proceso penal, no intente gestionar personalmente la relación con los testigos.

No trate de convencerlos.

No les pida que cambien su declaración.

No converse con ellos sobre lo que deberían decir ante la policía o en el tribunal.

Si la defensa necesita contactar a un testigo, esa labor debe realizarla el abogado y siempre dentro de los límites establecidos por la ley.

La principal idea que quiero transmitir en este capítulo es muy simple.

Una vez iniciado un proceso penal, el deseo de "arreglar las cosas" puede producir exactamente el efecto contrario.

Con frecuencia, los problemas más graves no surgen del incidente inicial, sino de las decisiones que la persona toma después del arresto.

Por ello, en muchas ocasiones, la mejor decisión es no intervenir en la investigación y permitir que su abogado haga su trabajo.

Lo más importante que debe recordar

- No intente influir en los testigos una vez iniciado un proceso penal.
- No pida a familiares ni a amigos que transmitan mensajes o solicitudes a los testigos en su nombre.
- Las amenazas o las promesas de cualquier tipo de beneficio pueden dar lugar a nuevos cargos penales.
- No hable con los testigos sobre lo que deben declarar ante la policía o en el tribunal.
- Si es necesario contactar a un testigo para la defensa, esa gestión debe realizarla el abogado por los medios legalmente permitidos.

CAPÍTULO 24

¿Qué ocurrirá con mis armas después de un arresto por violencia doméstica?

Para muchos propietarios de armas de fuego, las consecuencias de un caso de violencia doméstica no terminan con el arresto ni con el proceso judicial.

Con frecuencia, la persona empieza a pensar en sus armas solo unas horas después de recuperar la libertad.

"¿Cuándo me las devolverán?"

"¿Puedo dejarlas en mi casa?"

"¿Qué pasa si las armas están registradas a mi nombre?"

"¿Perderé mi licencia para portar un arma oculta?"

Lamentablemente, no existe una respuesta única para estas preguntas.

Todo depende de las circunstancias específicas del caso, de las decisiones del tribunal, de la legislación del estado correspondiente y de las normas del derecho federal.

Por eso es importante comprender los principios generales que suelen aplicarse en este tipo de situaciones.

Lo primero que debe saber es que, después de un arresto, las armas no siempre permanecen en poder de su propietario.

Si fueron utilizadas durante el incidente, si constituyen una posible prueba o si la policía las confiscó por cualquier otro motivo legal, pueden permanecer bajo custodia de las autoridades hasta que concluya la investigación o el tribunal adopte la decisión correspondiente.

Incluso cuando las armas no hayan sido utilizadas durante el conflicto, un juez puede imponer restricciones relacionadas con su posesión o almacenamiento.

Estas situaciones son especialmente frecuentes cuando se dicta una orden de protección (injunction for protection).

En muchos casos, la legislación federal prohíbe que determinadas personas posean o adquieran armas de fuego cuando se cumplen los requisitos establecidos por la ley.

Además, muchos estados cuentan con restricciones adicionales.

Por esa razón, una vez emitida una orden de protección o una condena por determinados delitos, la situación legal de las armas puede convertirse en un asunto tan importante como el propio proceso penal.

Existe también otro error bastante frecuente.

Algunas personas creen que, como compraron sus armas legalmente hace muchos años, nadie puede limitar su derecho a conservarlas.

En la práctica, la situación es mucho más compleja.

El hecho de haber adquirido un arma de manera legal no garantiza que la persona conservará el derecho a poseerla en cualquier circunstancia.

Si la ley establece restricciones temporales o permanentes, incumplirlas puede dar lugar a nuevos cargos penales.

En ocasiones, las personas crean problemas adicionales sin darse cuenta.

Después de ser liberadas, regresan a su domicilio para recoger sus pistolas o rifles sin comprobar antes si tienen autorización legal para hacerlo.

Otras entregan las armas a familiares o amigos convencidas de que, de ese modo, están cumpliendo con la ley.

Sin embargo, esas decisiones también pueden tener consecuencias jurídicas si se toman sin conocer las restricciones aplicables.

Por eso, después de un arresto por violencia doméstica o de la emisión de una orden de protección, no debe tomar por su cuenta decisiones relacionadas con la custodia, el traslado, la devolución o la entrega de armas de fuego.

Lo primero es determinar exactamente qué limitaciones legales existen en su caso.

Otra pregunta muy frecuente se refiere a la licencia para portar un arma oculta.

En muchos casos, la situación de esa licencia también dependerá de la naturaleza de la acusación, de las resoluciones judiciales y de la legislación aplicable.

Por ello, no debe asumir que, mientras el caso siga pendiente, no habrá consecuencias.

La principal idea que quiero transmitir en este capítulo es muy sencilla.

Para una persona que nunca antes ha tenido contacto con el sistema penal, perder el derecho a poseer armas suele ser una de las consecuencias más inesperadas.

Muchos solo piensan en las posibles multas, la libertad condicional o incluso una pena de prisión.

Olvidan que un caso de violencia doméstica también puede afectar seriamente su derecho a

poseer armas de fuego.

Por esa razón, cualquier decisión relacionada con armas debe tomarse únicamente después de analizar las circunstancias concretas del caso y la legislación vigente, no basándose en consejos de amigos ni en información encontrada en internet.

A veces, un solo intento equivocado de recuperar o conservar un arma termina generando nuevos problemas legales que podrían haberse evitado.

Lo más importante que debe recordar

- Después de un arresto o de la emisión de una orden de protección, la posesión de armas puede convertirse en un problema legal independiente.
- El hecho de haber adquirido un arma legalmente no garantiza que conservará el derecho a poseerla en todas las circunstancias.
- La legislación federal y las leyes estatales pueden imponer restricciones sobre la posesión de armas en casos de violencia doméstica.
- No intente recuperar, transportar ni entregar armas de fuego hasta conocer exactamente qué restricciones legales se aplican a su situación.
- Antes de tomar cualquier decisión relacionada con armas, consulte con un abogado y asegúrese de que sus acciones cumplen con la legislación vigente.

CAPÍTULO 25

Dating Violence: cuando solo están saliendo, pero la ley ya lo considera violencia doméstica

Cuando las personas escuchan la expresión "violencia doméstica", la mayoría piensa inmediatamente en un esposo y una esposa.

Por eso, muchas se sorprenden al descubrir que un caso penal grave también puede surgir entre personas que nunca han estado casadas.

Durante mis años de servicio escuché muchas veces comentarios como estos:

"Solo estábamos saliendo."

"Ni siquiera vivíamos juntos."

"No somos marido y mujer. ¿Cómo puede tratarse de violencia doméstica?"

Esa reacción es perfectamente comprensible.

En muchos países, la violencia doméstica se asocia exclusivamente con el matrimonio o con la familia.

Sin embargo, en los Estados Unidos, y especialmente en Florida, la ley no siempre se fija en el estado civil de las personas, sino en la naturaleza de la relación que existía entre ellas.

En Florida existe una categoría jurídica específica denominada Dating Violence, que se refiere a la violencia entre personas que mantienen o mantuvieron una relación romántica o afectiva de carácter continuo.

Esto no significa que cualquier discusión entre un novio y una novia se considere automáticamente Dating Violence.

Para determinar si la ley resulta aplicable, se analizan diversos factores, entre ellos la naturaleza de la relación, su duración y otros criterios establecidos por la legislación.

Por esa razón, cuando la policía investiga este tipo de incidentes, intenta determinar cuál era realmente la relación entre las personas involucradas.

¿Cuánto tiempo estuvieron juntos?

¿Existía una relación sentimental?

¿La relación continuaba al momento del incidente o había terminado poco antes?

Todas esas circunstancias pueden ser importantes para la investigación.

Existe además otra situación que suele generar muchas dudas.

Algunas parejas nunca se casaron, pero tienen un hijo en común.

En esos casos, la legislación puede aplicar normas distintas, incluso cuando los padres llevan mucho tiempo viviendo separados.

Por ello, no es correcto sacar conclusiones únicamente porque las personas nunca hayan estado casadas.

Con frecuencia, después de un arresto, alguien dice:

"Solo tuvimos una discusión."

Pero para la policía lo realmente importante es otra cosa.

Si durante ese conflicto existen indicios de un delito, el hecho de que las partes nunca hayan contraído matrimonio no determina el rumbo de la investigación.

Otro error muy común está relacionado con las órdenes de protección.

Algunas personas creen que una injunction solo puede concederse entre esposos.

Eso tampoco es cierto.

La legislación de Florida contempla distintos tipos de órdenes de protección, incluyendo aquellas destinadas a personas que mantienen o mantuvieron una relación romántica.

Por esa razón, después de un incidente de este tipo, un tribunal puede emitir una orden de protección incluso cuando las partes nunca hayan estado casadas.

Por ello, siempre recomiendo no dejarse llevar por los mitos más comunes.

La frase:

"Nunca estuvimos casados."

no constituye, por sí sola, una defensa frente a una investigación penal ni significa que los hechos no vayan a ser evaluados conforme a la ley.

Cada situación se analiza individualmente.

La policía investiga las circunstancias del incidente, reúne pruebas, entrevista a las partes y a los testigos y, posteriormente, se adoptan las decisiones legales correspondientes.

La principal idea que quiero transmitir en este capítulo es muy sencilla.

La violencia doméstica no se limita a las relaciones entre esposos.

La legislación estadounidense también protege a quienes sufren violencia por parte de una pareja con la que mantienen o mantuvieron una relación sentimental.

Por eso es fundamental comprender que las consecuencias legales pueden ser muy serias aunque nunca haya existido un matrimonio.

Lo más importante que debe recordar

- En Florida, la violencia doméstica no se limita a las relaciones entre personas casadas.
- La ley reconoce una categoría específica denominada Dating Violence para personas que mantienen o mantuvieron una relación romántica.
- La ausencia de un matrimonio no elimina la posibilidad de responsabilidad penal.
- En determinadas circunstancias, un tribunal puede emitir una orden de protección incluso entre personas que nunca estuvieron casadas.
- Cada caso se analiza individualmente, teniendo en cuenta la naturaleza de la relación y las circunstancias específicas de los hechos.

CAPÍTULO 26

Las amenazas: cuando las palabras pueden convertirse en un caso penal

Durante los conflictos familiares, las personas suelen decir cosas de las que más tarde se arrepienten.

En un momento de ira, alguien grita:

"¡Te voy a matar!"

"¡Te vas a arrepentir!"

"¡Si me dejas, se acabó para ti!"

La mayoría cree que son solo palabras dichas por la emoción del momento y que nadie debería tomarlas en serio.

Sin embargo, en determinadas circunstancias, esas expresiones pueden tener consecuencias legales importantes.

Cuando la policía investiga un caso, no analiza únicamente las palabras pronunciadas.

También examina todo el contexto.

¿A quién iba dirigida la amenaza?

¿En qué circunstancias fue realizada?

¿La persona tenía la posibilidad real de cumplirla?

¿Cómo interpretó esas palabras la presunta víctima?

¿Existían antecedentes de violencia o amenazas entre las partes?

Todos estos elementos pueden ser relevantes.

Por ejemplo, una frase pronunciada durante una discusión verbal no se valora de la misma manera que las mismas palabras dichas por una persona que sostiene un cuchillo o un arma de fuego.

Por eso, los oficiales siempre intentan reconstruir todo el contexto del incidente.

Otro error frecuente consiste en pensar que una amenaza solo tiene importancia si se expresa cara a cara.

En la práctica, los mensajes enviados por aplicaciones de mensajería, los correos electrónicos, las publicaciones en redes sociales, los mensajes de voz e incluso las grabaciones dejadas en un contestador automático también pueden formar parte de una investigación penal.

Por esa razón, después de un conflicto, siempre recomiendo ser extremadamente cuidadoso con todo lo que escriba o diga.

Las amenazas realizadas después del arresto pueden ser aún más peligrosas.

A veces, una persona comienza a enviar mensajes como:

"Si no retiras la denuncia, te vas a arrepentir."

"Voy a arruinarte la vida."

"Ya pagarás por esto."

Ese tipo de comunicaciones no solo puede empeorar el caso penal existente.

También puede dar lugar a nuevos cargos o constituir una violación de las condiciones de libertad o de una orden de protección dictada por el tribunal.

Existe también el error contrario.

Algunas personas creen que cualquier insulto o expresión ofensiva constituye automáticamente un delito.

Eso tampoco es correcto.

La legislación estadounidense distingue entre expresiones impulsivas, insultos y amenazas que pueden tener relevancia penal.

Por esa razón, cada caso se analiza de manera individual y las autoridades evalúan todas las circunstancias en conjunto.

La principal idea que quiero transmitir en este capítulo es muy sencilla.

Durante una discusión familiar, muchas personas solo piensan en sus emociones y no en las consecuencias de sus palabras.

Sin embargo, un proceso penal puede basarse no solo en lo que una persona hizo, sino también en lo que dijo, escribió o envió a la otra parte.

Por eso, si siente que la situación está perdiendo el control, suele ser mucho más prudente terminar la conversación y alejarse que pronunciar palabras que después serán analizadas por la policía, la fiscalía y el tribunal.

Lo más importante que debe recordar

- Durante una investigación no solo se analizan las palabras utilizadas, sino también las circunstancias en que fueron pronunciadas.
- Las amenazas pueden realizarse en persona, por teléfono, mediante mensajes, correos electrónicos o a través de las redes sociales.
- Los mensajes enviados después de un arresto pueden generar problemas legales adicionales.
- No toda expresión ofensiva constituye un delito, pero cada situación se evalúa de manera individual.
- A veces, unas pocas palabras dichas en un momento de ira pueden tener consecuencias tan graves como una acción impulsiva.

CAPÍTULO 27

Stalking: cuando el deseo de "solo hablar" termina convirtiéndose en un caso penal

Después de una ruptura, muchas personas no están preparadas para aceptar de inmediato que la relación ha terminado.

Algunas solo quieren hablar una vez más.

Otras esperan poder arreglar las cosas.

Hay quienes creen que, si logran encontrarse cara a cara, la otra persona cambiará de opinión.

Ese deseo, por sí solo, es completamente comprensible.

Sin embargo, es precisamente en ese momento cuando algunas personas comienzan a realizar conductas que pueden dar lugar a nuevos cargos penales.

Con mucha frecuencia, después de un arresto o de una separación, escuché frases como estas:

"Solo quería hablar con ella."

"Casualmente pasé por su casa."

"Solo la llamé unas cuantas veces."

"Nunca quise asustarla."

Este tipo de explicaciones es muy común.

El problema es que la ley no solo analiza la intención de quien actúa.

También tiene en cuenta cómo percibe esas conductas la otra persona.

Si alguien aparece repetidamente cerca de la casa, el trabajo o el centro de estudios de su expareja, llama de manera insistente, envía decenas de mensajes, sigue sus desplazamientos o crea nuevas cuentas después de haber sido bloqueado, la policía puede considerar que existe un comportamiento preocupante.

Especialmente cuando la otra persona ha dejado claro que no desea ningún tipo de contacto.

Otro error muy frecuente consiste en pensar que, si los mensajes no contienen amenazas, entonces no existe ningún problema legal.

En la práctica, no siempre es así.

En ocasiones, la repetición constante de llamadas, mensajes o apariciones inesperadas cerca del domicilio puede hacer que la otra persona sienta un temor real por su seguridad.

Por esa razón, la policía siempre analiza el conjunto de las circunstancias.

¿Cuánto tiempo ha durado ese comportamiento?

¿Cuántos intentos de contacto hubo?

¿La persona ignoró las solicitudes de dejar de comunicarse?

¿Existía una orden judicial que prohibía el contacto?

Todos esos factores pueden ser relevantes.

Hoy en día, al acoso tradicional se suma cada vez con más frecuencia el acoso digital.

Algunas personas continúan vigilando a su expareja a través de las redes sociales, utilizan servicios de geolocalización, crean nuevas cuentas después de haber sido bloqueadas o intentan obtener información mediante amigos en común.

Muchas veces esas conductas no parecen importantes.

Sin embargo, consideradas en conjunto, también pueden formar parte de una investigación penal.

Las autoridades prestan una atención especial cuando el acoso va acompañado de amenazas, exhibición de armas, daños a la propiedad o incumplimiento de una orden de protección.

En esos casos, las acusaciones pueden ser considerablemente más graves.

La principal idea que quiero transmitir en este capítulo es muy sencilla.

Después de una ruptura o de un conflicto familiar, no siempre es posible conservar una buena relación.

Pero si la otra persona ha manifestado claramente que no desea seguir teniendo contacto, la decisión más prudente es respetar esa voluntad.

Intentar forzar una conversación casi nunca ayuda a recuperar la relación.

En cambio, puede terminar convirtiéndose en un nuevo proceso penal que habría podido evitarse.

Lo más importante que debe recordar

- El deseo de hablar después de una ruptura no le da derecho a imponer su comunicación a la otra persona.
- Las llamadas repetidas, los mensajes insistentes y las apariciones inesperadas pueden convertirse en objeto de una investigación penal.
- Si la otra persona le pide que deje de comunicarse, lo más prudente es respetar completamente esa decisión.
- El acoso puede producirse tanto en persona como por teléfono, aplicaciones de mensajería, redes sociales u otros medios digitales.
- Si existe una orden judicial que prohíbe el contacto, cualquier intento de comunicación puede acarrear consecuencias legales adicionales.

CAPÍTULO 28

¿Se puede castigar a un hijo? ¿Dónde está el límite entre la disciplina y el delito?

Prácticamente todos los padres se han enfrentado alguna vez a una situación en la que su hijo deja de obedecer, hace una rabieta, pelea, responde con falta de respeto o comete una falta grave.

En esos momentos, muchos se hacen la misma pregunta:

"¿Tengo derecho a castigar a mi hijo?"

La respuesta corta es sí.

Sin embargo, es muy importante comprender que existe una línea que separa la disciplina legal del maltrato infantil, y en algunos casos los padres la cruzan sin darse cuenta.

En los Estados Unidos, los padres tienen derecho a educar a sus hijos y a aplicar medidas disciplinarias razonables.

No obstante, la ley no permite castigos que causen un dolor físico significativo, produzcan lesiones, pongan en peligro la vida o la salud del menor, o resulten humillantes o degradantes.

Por esa razón, cada caso se analiza de forma individual.

La policía no arresta a unos padres simplemente porque hayan castigado a su hijo.

Pero si el menor presenta moretones, quemaduras, fracturas, marcas de estrangulamiento, lesiones importantes o cualquier otro indicio de maltrato, la situación puede convertirse rápidamente en una investigación penal.

Durante la investigación, los oficiales no solo examinan las lesiones.

También intentan determinar:

- la edad del menor;
- qué fue exactamente lo que ocurrió;
- con qué se aplicó el castigo;
- si hubo incidentes similares anteriormente;
- si existen testigos;
- cuál es la versión de los padres y del menor;
- y si el niño necesita atención médica.

En muchos casos, también intervienen los Servicios de Protección Infantil (Child Protective Services, CPS) o, dependiendo del estado, el Department of Children and Families (DCF).

Su función es evaluar la seguridad del menor y determinar si existe riesgo de que el maltrato vuelva a repetirse.

Algunos padres creen que, por tratarse de su propio hijo, pueden educarlo de la forma que consideren conveniente.

Ese es un error muy común.

La ley protege a los menores independientemente de quién les haya causado el daño, ya sea un desconocido o sus propios padres.

Las autoridades prestan especial atención a los casos en los que el castigo implica el uso de un cinturón, una vara, un cable, objetos domésticos u otros instrumentos capaces de provocar lesiones.

También se consideran especialmente graves los golpes en la cabeza, la cara o el cuello, los intentos de estrangulamiento, la privación de alimentos, agua o atención médica, así como encerrar al menor durante períodos prolongados.

Eso no significa que toda medida disciplinaria constituya un delito.

Los padres pueden establecer normas de conducta, limitar el uso del teléfono móvil o de la computadora, prohibir salidas, retirar la asignación económica, imponer tareas adicionales en el hogar y aplicar otras medidas disciplinarias razonables, siempre que no humillen al menor ni le causen daños físicos o psicológicos.

La principal idea que quiero transmitir en este capítulo es muy sencilla.

Toda medida disciplinaria debe tener un propósito educativo, no el de causar dolor, lesiones o humillación.

Si como consecuencia de las acciones de un adulto el menor resulta lesionado o existen dudas sobre su seguridad, el asunto puede dejar de ser un problema familiar y convertirse en una investigación en la que intervengan la policía, los servicios de protección infantil y el sistema de justicia penal.

Lo más importante que debe recordar

- Los padres tienen derecho a educar a sus hijos, pero ese derecho tiene límites establecidos por la ley.
- Toda medida disciplinaria debe ser razonable y no causar lesiones ni poner en riesgo la salud del menor.

- Cuando existen indicios de maltrato, la policía y los servicios de protección infantil tienen la obligación de investigar.
- Cada caso se analiza individualmente, teniendo en cuenta todas las circunstancias.
- El objetivo principal del Estado es proteger la seguridad y el bienestar del menor, no intervenir en los métodos normales y razonables de crianza.

CAPÍTULO 29

¿El alcohol es una justificación?

Después de un conflicto familiar, escuché una y otra vez las mismas explicaciones:

"Estaba borracho."

"No recuerdo nada."

"Si no hubiera bebido, esto nunca habría pasado."

Muchas personas creen sinceramente que una fuerte intoxicación por alcohol puede justificar sus acciones o, al menos, reducir su responsabilidad.

En la práctica, eso casi nunca ocurre.

El simple hecho de haber consumido alcohol no exime a una persona de responsabilidad penal.

Si la policía y la fiscalía consideran que se cometió un delito, el estado de embriaguez normalmente no constituye una defensa.

Es más, en los casos de violencia doméstica, el consumo de alcohol suele considerarse un factor que aumenta el riesgo de que la violencia vuelva a repetirse.

¿Por qué el alcohol es importante para la policía?

Cuando los oficiales llegan al lugar de los hechos, siempre observan si existen signos de intoxicación.

Entre otros aspectos, evalúan:

- olor a alcohol;
- dificultad para hablar;
- problemas de equilibrio;
- comportamiento de la persona;
- nivel de agresividad;
- capacidad para comprender lo que está ocurriendo.

Si una persona se comporta de manera agresiva o continúa amenazando a la víctima o a otras personas, ese comportamiento puede influir en la decisión de arrestarla y en las medidas de seguridad que adopten los oficiales.

El hecho de haber consumido alcohol, por sí solo, no significa que se haya cometido un delito.

Pero si efectivamente ocurrió un delito, el estado de embriaguez pasa a formar parte de la evaluación general del caso.

"No recuerdo nada"

Después del arresto, algunas personas afirman que no recuerdan lo sucedido debido al alcohol.

Aunque eso fuera cierto, la pérdida de memoria no significa que el delito no haya ocurrido.

La policía no basa su investigación en los recuerdos del sospechoso, sino en las pruebas disponibles.

Entre ellas pueden encontrarse:

- la declaración de la víctima;
- los testimonios de testigos;
- las grabaciones de las cámaras corporales de los oficiales (body cameras);
- fotografías de las lesiones;
- videos de cámaras de vigilancia;
- mensajes de texto y la llamada al 911;
- cualquier otra prueba relevante.

Por esa razón, la frase "no recuerdo nada" rara vez cambia el resultado de un proceso penal.

¿Puede el alcohol empeorar la situación?

Sí.

Si una persona comete actos violentos de forma repetida después de consumir alcohol, el tribunal puede considerar que existe un mayor riesgo de reincidencia.

Al imponer una sentencia o establecer las condiciones de libertad, el juez puede ordenar restricciones adicionales, por ejemplo:

- prohibición total de consumir alcohol;
- pruebas periódicas para detectar consumo de alcohol;
- participación obligatoria en un programa de tratamiento por abuso de alcohol;
- asistencia a cursos de control de la ira;
- cualquier otra condición que el tribunal considere necesaria.

El incumplimiento de esas condiciones puede generar nuevas consecuencias legales.

¿Qué ocurre si ambas personas habían consumido alcohol?

En algunos conflictos familiares, ambas partes están bajo los efectos del alcohol.

Eso no significa que la policía vaya a arrestar automáticamente a las dos personas.

Como en cualquier otra investigación, los oficiales intentarán determinar:

- quién inició la agresión;
- si alguien actuó en legítima defensa;
- qué lesiones existen;
- qué demuestran las pruebas;
- quién es el agresor principal.

El hecho de que una o ambas personas estuvieran intoxicadas no sustituye una investigación completa e imparcial.

¿Qué hacer después del incidente?

Si ocurre un conflicto, no intente justificar sus acciones diciendo que estaba borracho.

No discuta con los oficiales ni atribuya su conducta al consumo de alcohol.

Si ha sido arrestado, normalmente es más prudente ejercer su derecho a guardar silencio y consultar con un abogado antes de hacer cualquier declaración.

Si, por el contrario, usted es la víctima, informe a la policía si el agresor había consumido alcohol o drogas, ya que esa información puede ser importante para evaluar el riesgo de nuevos actos de violencia.

Lo más importante que debe recordar

- El consumo de alcohol, por sí solo, no exime de responsabilidad penal.
- La pérdida de memoria causada por el alcohol no constituye una justificación legal.
- En los casos de violencia doméstica, el alcohol suele considerarse un factor que aumenta el riesgo de nuevos episodios de violencia.
- El tribunal puede prohibir el consumo de alcohol y ordenar tratamientos o programas obligatorios.
- Aunque ambas partes hayan consumido alcohol, la policía sigue teniendo la obligación de determinar quién fue el agresor principal.

CAPÍTULO 30

Cuando el agresor es su propio hijo

Cuando se habla de violencia doméstica, la mayoría de las personas piensa en un esposo y una esposa.

Sin embargo, la realidad es mucho más compleja.

En ocasiones, la policía responde a una llamada en la que la víctima es el padre o la madre, y el presunto agresor es su propio hijo o hija menor de edad.

Para muchos padres, esta situación resulta profundamente impactante.

Les cuesta creer que hayan tenido que llamar a la policía.

Con frecuencia dicen:

"Solo perdió el control."

"Es un buen chico."

"No queremos arruinarle la vida."

"Solo queríamos que la policía lo calmara."

Pero una vez que los oficiales llegan al lugar, la situación deja de depender de lo que la familia esperaba y comienza a regirse por las normas del sistema de justicia penal.

Lo primero que debe comprenderse es algo muy importante.

Si los oficiales encuentran indicios de que se ha cometido un delito, están obligados a evaluar la situación del mismo modo que cualquier otro caso de violencia doméstica.

La edad del sospechoso es un factor relevante.

Pero no elimina la obligación de la policía de proteger a la víctima.

Si un menor golpea a sus padres, los amenaza con un cuchillo, intenta estrangularlos, daña la propiedad o comete cualquier otro delito, los oficiales deberán tomar las decisiones que correspondan de acuerdo con los hechos y con la legislación aplicable.

Con frecuencia, los padres creen que podrán cambiar de opinión cuando llegue la policía.

Dicen cosas como:

"Hemos cambiado de idea."

"No queremos presentar cargos."

"Por favor, no se lo lleven."

Sin embargo, si existen fundamentos suficientes para creer que se ha cometido un delito, las decisiones posteriores ya no dependen únicamente de la familia.

Otra característica frecuente de estos casos es que los padres intentan justificar el comportamiento de su hijo.

Atribuyen su conducta a la adolescencia, a las malas compañías, a los videojuegos, al estrés o a problemas escolares.

Todas esas circunstancias pueden ser importantes durante el proceso.

Pero no eliminan la posibilidad de que se haya cometido un delito.

También quiero detenerme en un aspecto especialmente importante: la seguridad.

Algunos padres soportan amenazas o agresiones durante meses con la esperanza de que su hijo "madure" y cambie por sí solo.

Lamentablemente, eso no siempre ocurre.

Si la violencia se vuelve recurrente, aparecen amenazas con armas, agresiones físicas o un

temor real por la seguridad de los miembros de la familia, el problema no debe posponerse.

Cuanto antes la familia busque ayuda, mayores serán las posibilidades de corregir la situación antes de que desemboque en un delito mucho más grave.

También es importante comprender que no todos estos casos terminan con una condena penal.

En muchas ocasiones, los menores son derivados a programas de rehabilitación, reciben atención psicológica, participan en terapia familiar o son incluidos en programas especiales para adolescentes.

La decisión dependerá de factores como la edad del menor, la naturaleza del incidente, la gravedad de los cargos, sus antecedentes y la legislación del estado correspondiente.

La principal idea que quiero transmitir en este capítulo es muy sencilla.

Para cualquier padre resulta muy difícil aceptar que el agresor pueda ser su propio hijo.

Sin embargo, la seguridad de todos los integrantes de la familia debe ser siempre la prioridad.

En muchos casos, pedir ayuda a tiempo no solo protege a los padres, sino también al propio adolescente, antes de que la situación tenga consecuencias mucho más graves.

Lo más importante que debe recordar

- La violencia doméstica puede producirse no solo entre parejas, sino también entre padres e hijos.
- Si la policía encuentra indicios de un delito, el hecho de que el presunto agresor sea menor de edad no impide la intervención de las autoridades.
- Los padres no siempre pueden detener un proceso penal simplemente cambiando de opinión o retirando sus declaraciones iniciales.
- No confíe en que las amenazas o la violencia repetida desaparecerán por sí solas.
- Cuanto antes la familia busque ayuda, mayores serán las posibilidades de detener la escalada del conflicto y proteger a todos sus integrantes.

CAPÍTULO 31

Violencia económica: cuando el dinero se convierte en un instrumento de control

Cuando las personas escuchan la expresión "violencia doméstica", la mayoría imagina golpes, amenazas o fuertes discusiones.

Sin embargo, en la práctica, la violencia no siempre implica agresiones físicas.

Hay personas que pasan años sin recibir un solo golpe y, aun así, viven completamente bajo el control de su pareja.

Con frecuencia, ese control comienza con el dinero.

Después de publicar mis videos, recibo a menudo mensajes como estos:

"Mi esposo no me permite trabajar."

"Todas las cuentas bancarias están únicamente a su nombre."

"Solo me da dinero para comprar comida."

"Tengo que justificar cada dólar que gasto."

Algunas personas incluso preguntan:

"¿Eso también puede considerarse violencia doméstica?"

La respuesta es sí, en determinadas circunstancias.

Ese tipo de comportamiento puede constituir una forma de violencia doméstica o de control coercitivo.

Por supuesto, no toda organización financiera dentro del matrimonio es ilegal.

Muchas familias deciden voluntariamente que uno de los cónyuges administre las finanzas o que mantengan cuentas separadas.

Eso, por sí solo, no representa ningún problema legal.

Las dificultades aparecen cuando el dinero deja de ser un recurso familiar y se convierte en un medio para controlar a otra persona.

Por ejemplo:

- impedir que la pareja trabaje o estudie para mantenerla económicamente dependiente;
- negarle el acceso a las cuentas familiares;
- obligarla a pedir dinero incluso para cubrir necesidades básicas;
- controlar cada compra que realiza;
- quitarle sus tarjetas bancarias;
- o dejarla deliberadamente sin recursos para vivir.

Otra situación relativamente frecuente consiste en solicitar préstamos, abrir tarjetas de crédito o asumir otras obligaciones financieras sin el consentimiento de la otra persona o mediante presión o manipulación.

Las consecuencias de esas decisiones pueden afectar a la víctima durante muchos años, incluso después de terminada la relación.

También quiero referirme a un aspecto especialmente importante: los documentos personales.

En ocasiones, junto con el control económico, la persona pierde el acceso a su pasaporte, su Green Card, su licencia de conducir, documentos bancarios o incluso los certificados de nacimiento de sus hijos.

Quien ejerce el control sabe perfectamente que, sin esos documentos, resulta mucho más difícil abandonar la relación o comenzar una vida independiente.

Otro método frecuente consiste en cancelar la línea telefónica, bloquear las tarjetas bancarias, cambiar las contraseñas de las aplicaciones financieras o impedir el acceso al dinero familiar inmediatamente después de una discusión.

Muchas personas creen que todo esto no es más que un conflicto económico entre miembros de la familia.

En realidad, esas conductas suelen formar parte de un patrón de control mucho más amplio.

Por eso es tan importante comprender que la violencia doméstica no siempre deja moretones o lesiones visibles.

A veces, una persona permanece atrapada en una relación peligrosa simplemente porque no dispone de dinero propio, no tiene acceso a una cuenta bancaria y ni siquiera puede pagar un lugar donde vivir o comprar un boleto para marcharse.

Según mi experiencia, la dependencia económica es una de las principales razones por las que muchas víctimas permanecen durante años con su agresor.

No es que teman comenzar una nueva vida.

Temen no tener los recursos para poder hacerlo.

Por esa razón, en muchos estados, las organizaciones que ayudan a las víctimas de violencia doméstica no solo ofrecen refugios seguros.

También ayudan a recuperar documentos, encontrar empleo, solicitar asistencia pública y acceder a otros recursos que permiten reconstruir la independencia económica.

La principal idea que quiero transmitir en este capítulo es muy sencilla.

La violencia no siempre comienza con un golpe.

A veces comienza con una frase como:

"Todo el dinero estará bajo mi control."

Y si, con el paso del tiempo, una persona descubre que ya no puede tomar decisiones económicas por sí misma, acceder libremente a su propio dinero o mantenerse sin el permiso de su pareja, existe una razón muy seria para preguntarse si esa relación es realmente

saludable.

Lo más importante que debe recordar

- La violencia económica no consiste en simples desacuerdos sobre el dinero, sino en utilizar los recursos económicos para controlar a otra persona.
- Impedir que la pareja trabaje, negarle acceso al dinero, a sus documentos o a las cuentas bancarias puede formar parte de la violencia doméstica.
- La dependencia económica es una de las principales razones por las que muchas víctimas no logran abandonar una relación abusiva.

- No enfrente esta situación en soledad: existen organizaciones que pueden ayudarle a recuperar documentos, encontrar vivienda y reconstruir su independencia económica.
- La violencia doméstica no siempre se manifiesta mediante agresiones físicas; también puede expresarse a través del control absoluto de los recursos económicos.

CAPÍTULO 32

Legítima defensa: ¿dónde termina la protección y comienza el delito?

Cuando una persona se enfrenta por primera vez a una acusación de violencia doméstica, una de las preguntas más frecuentes es:

"¿Y si fue la otra persona quien me atacó primero?"

A simple vista, la respuesta parece evidente. Si alguien solo se estaba defendiendo, parecería que no puede haber cometido ningún delito.

Por eso muchas personas se sorprenden cuando, después de un conflicto familiar, quien termina esposado es precisamente quien se considera la víctima y no el agresor.

En realidad, la legítima defensa es uno de los temas más complejos del derecho penal.

Existe, con diferentes características, en prácticamente todos los estados de los Estados Unidos y permite utilizar la fuerza para protegerse a uno mismo o a otra persona cuando la ley lo autoriza.

Pero la ley nunca dice que, después de recibir el primer golpe, una persona tenga derecho a hacer cualquier cosa.

Ahí es donde se encuentra el límite que muchas personas no perciben.

Ellas creen que estaban defendiéndose, mientras que la policía o la fiscalía pueden interpretar la situación de manera muy distinta.

Durante mis años como detective investigué numerosos casos de este tipo.

En casi todos ellos, ambas partes contaban exactamente la misma historia.

Cada una aseguraba ser la víctima y afirmaba haber actuado únicamente para defenderse.

En ocasiones, ambos presentaban lesiones.

En otras, ambos llamaban al 911.

Y con frecuencia ambos señalaban al otro diciendo:

"Él empezó."

Por esa razón, el oficial que llega al lugar nunca puede sacar conclusiones basándose únicamente en la versión de una de las partes.

Su trabajo consiste en reconstruir los hechos con la mayor precisión posible.

Muchas personas creen que la pregunta más importante para la policía es:

"¿Quién golpeó primero?"

Sin embargo, esa no siempre es la cuestión decisiva.

También es fundamental determinar qué ocurrió después.

¿Cómo evolucionó el conflicto?

¿Quién intentó detenerlo?

¿Cuándo existió un peligro real?

¿Y en qué momento ese peligro terminó?

Con frecuencia, las respuestas a estas preguntas determinan el rumbo del caso.

El derecho a la legítima defensa no existe para castigar al agresor.

Su finalidad es permitir que una persona proteja su vida o su integridad física cuando no tiene otra alternativa razonable.

Por ello, la ley no analiza quién ganó la pelea, sino si el uso de la fuerza era realmente necesario para detener una amenaza inmediata.

Una vez que esa amenaza desaparece, la valoración jurídica cambia.

Imagine una situación sencilla.

Durante una discusión familiar, una persona empuja a la otra.

La segunda se defiende, el agresor pierde el equilibrio y cae al suelo.

Si el incidente termina allí, es posible que se trate de un caso de legítima defensa.

Pero si quien se defendía continúa golpeando a la persona cuando ya está en el suelo y la amenaza ha cesado, la evaluación legal puede cambiar por completo.

Lo que unos segundos antes parecía una defensa legítima puede convertirse en un delito independiente.

Por eso siempre digo que la legítima defensa termina en el momento en que termina el peligro inmediato.

Una situación muy parecida ocurre cuando una de las personas intenta marcharse.

Por ejemplo, abandona la habitación, sale de la vivienda o se dirige a su automóvil para irse.

Muchas personas interpretan ese momento como una oportunidad para "terminar la conversación" y la siguen.

Comienzan nuevos insultos, luego empujones y, finalmente, otra pelea.

Después, cada uno cuenta una versión distinta.

Sin embargo, para la policía resulta esencial determinar si realmente era necesario seguir utilizando la fuerza cuando la otra persona ya estaba intentando poner fin al conflicto.

Perseguir a alguien que ya se está alejando rara vez ayuda a demostrar una legítima defensa y, con frecuencia, empeora la situación de quien decidió continuar el enfrentamiento.

Otra pregunta muy habitual es:

"¿Y si la otra persona era físicamente mucho más fuerte que yo?"

O bien:

"¿Y si me amenazó con un cuchillo, un objeto contundente o un arma de fuego?"

No existe una respuesta única.

La ley no mide la legítima defensa según la estatura, el peso o el sexo de las personas involucradas.

Analiza el conjunto de las circunstancias.

¿Existía una amenaza real?

¿Era una amenaza grave?

¿Había otras alternativas razonables para evitar la violencia?

Por eso, dos situaciones aparentemente similares pueden recibir valoraciones jurídicas completamente diferentes.

Durante una investigación, la policía rara vez se limita a escuchar las declaraciones de las partes.

Los oficiales buscan pruebas que confirmen o contradigan cada versión.

Inspeccionan el lugar de los hechos.

Fotografían las lesiones.

Observan muebles volcados, objetos rotos, señales de lucha, manchas de sangre o ropa rasgada.

Si alguien afirma haber sido estrangulado, examinan cuidadosamente el cuello, el rostro y los brazos, incluso cuando las lesiones apenas son visibles.

Si una persona sostiene que actuó únicamente para defenderse, intentarán determinar si las lesiones observadas son compatibles con esa versión.

Los informes médicos también pueden resultar decisivos.

En ocasiones, la víctima rechaza inicialmente recibir atención médica y acude al hospital varias horas después, cuando el dolor comienza a intensificarse.

Los estudios médicos, las radiografías, los informes clínicos y las fotografías de las lesiones pueden convertirse posteriormente en pruebas muy importantes.

Por eso nunca debe valorarse un caso únicamente por el aspecto que tenían las lesiones inmediatamente después del incidente.

Las grabaciones de la llamada al 911 también tienen un enorme valor.

Muchas personas olvidan que el operador no solo registra las palabras del denunciante, sino también todo lo que ocurre alrededor.

En la grabación pueden escucharse gritos, amenazas, niños llorando, sonidos de una pelea o peticiones de ayuda.

Todo ello puede ayudar a comprender mejor lo que estaba ocurriendo incluso antes de la llegada de la policía.

Hoy en día resulta difícil imaginar una investigación sin las grabaciones de las cámaras corporales de los oficiales (body-worn cameras).

Aunque muchas veces no registran el momento exacto del enfrentamiento, sí captan los primeros minutos posteriores.

Y precisamente en esos momentos las personas suelen encontrarse bajo una fuerte carga

emocional y, con frecuencia, hacen declaraciones que después adquieren una gran importancia probatoria.

Algunos afirman inmediatamente que actuaron en defensa propia.

Otros reconocen que "perdieron el control".

Y algunos incluso cambian su versión pocos minutos después.

Todo ello será analizado durante la investigación.

Otro error frecuente consiste en intentar demostrar la propia inocencia a toda costa mientras la policía aún está en el lugar.

Algunas personas interrumpen constantemente a los oficiales, hablan al mismo tiempo que la otra parte, exigen que la arresten de inmediato o intentan explicar cada detalle de forma impulsiva.

Ese comportamiento casi nunca ayuda.

El oficial tiene la obligación de investigar los hechos por sí mismo, y una discusión emocional suele dificultar su trabajo.

Si usted realmente considera que actuó en legítima defensa, no intente realizar su propia investigación.

No discuta con los oficiales.

No los acuse de parcialidad.

No exija que acepten inmediatamente su versión.

Lo más prudente es explicar tranquilamente lo ocurrido, responder a las preguntas legales que correspondan y permitir que la policía haga su trabajo.

Posteriormente, las pruebas serán evaluadas por el fiscal, los abogados y, si el caso llega a juicio, por el tribunal.

Por eso no debe sacar conclusiones basándose en un solo elemento.

En una investigación real, casi nunca existe una única prueba que responda todas las preguntas.

Los investigadores reconstruyen el caso uniendo decenas de detalles.

A veces resulta decisivo un video de vigilancia.

En otras ocasiones, las fotografías del lugar, un informe médico o el testimonio de un testigo.

Y, en muchos casos, un pequeño detalle cambia por completo la interpretación del incidente.

También es importante comprender otra realidad.

Aunque una persona haya actuado realmente dentro de los límites de la legítima defensa, eso no significa que la policía pueda determinarlo inmediatamente.

Imagine una situación habitual.

Los oficiales llegan y encuentran a dos personas que se acusan mutuamente.

Ambas presentan lesiones.

Cada una ofrece una versión diferente.

Ningún oficial presenció lo ocurrido.

Deben tomar una decisión utilizando únicamente las pruebas disponibles en ese momento.

Por ello, en ocasiones, una persona que posteriormente logrará demostrar que actuó en legítima defensa puede ser detenida o incluso arrestada temporalmente.

Para muchos resulta una sorpresa.

"¿Cómo es posible? ¡Si yo soy la víctima!"

Sin embargo, la función del oficial no consiste en dictar un veredicto definitivo en el lugar de los hechos.

Su responsabilidad es reunir pruebas, garantizar la seguridad de todas las personas involucradas y adoptar la decisión más adecuada con la información disponible en ese momento.

La valoración definitiva corresponde al fiscal y, si el caso llega a juicio, al juez o al jurado.

Existe además otro error del que pocas personas hablan.

Algunos creen que, si actuaron en legítima defensa, no necesitan explicar nada porque "todo es evidente".

En la práctica, pocas cosas son realmente evidentes.

Si usted sostiene que actuó para protegerse, la policía necesitará comprender por qué llegó a esa conclusión.

¿Qué hizo la otra persona para hacerle temer por su seguridad?

¿Por qué consideró necesario utilizar la fuerza?

Todas esas circunstancias son importantes.

Al mismo tiempo, no olvide su derecho a recibir asesoramiento jurídico.

Si comprende que puede convertirse en sospechoso, no intente mantener una discusión legal con los oficiales citando leyes o decisiones judiciales.

Ese no es el momento adecuado.

Otra pregunta muy frecuente es:

"¿Y si quien me atacó fue una mujer?"

O, por el contrario:

"¿Y si un hombre se defendía de una mujer?"

La ley no establece reglas distintas sobre la legítima defensa según el sexo de las personas involucradas.

La policía no evalúa quién es hombre y quién es mujer.

Evalúa las acciones de cada persona, la naturaleza de la amenaza, las consecuencias del enfrentamiento y todas las pruebas disponibles.

Por eso no debe confiar en que la edad, el sexo, la condición física o la profesión de una persona determinarán automáticamente el resultado de la investigación.

La principal idea que quiero transmitir en este capítulo es muy sencilla.

El derecho a la legítima defensa realmente existe.

Protege a quien se enfrenta a una amenaza real e inmediata y no tiene otra opción que defenderse a sí mismo o a otra persona.

Pero la legítima defensa nunca debe convertirse en una forma de venganza ni en la continuación del conflicto.

En el momento en que desaparece el peligro inmediato, la ley comienza a valorar de forma diferente las acciones posteriores.

Por eso, si alguna vez se ve obligado a defenderse, recuerde siempre la regla más importante:

Su objetivo no es ganar una pelea ni castigar a la otra persona. Su objetivo es detener el peligro y proteger su seguridad.

Esa diferencia suele ser determinante en las investigaciones por violencia doméstica.

Lo más importante que debe recordar

- La legítima defensa solo está permitida cuando existe una amenaza real e inmediata.
- La fuerza utilizada debe tener como único objetivo detener el peligro, no castigar a la otra persona.
- Una vez que la amenaza desaparece, continuar utilizando la fuerza puede dar lugar a responsabilidad penal.
- La policía toma sus decisiones basándose en el conjunto de todas las pruebas, no únicamente en las declaraciones de las partes.
- Si considera que actuó en legítima defensa, explique su versión con calma y, si la situación lo requiere, ejerza su derecho a consultar con un abogado.

CAPÍTULO 33

Las mascotas: cuando se convierten en un instrumento de control

Cuando se habla de violencia doméstica, la mayoría de las personas imagina un conflicto entre dos adultos.

Sin embargo, en la vida real, las víctimas no siempre son únicamente los esposos, los hijos u otros miembros de la familia.

Con frecuencia, las mascotas también resultan afectadas.

A primera vista, este tema puede parecer ajeno a la violencia doméstica.

Pero, en la práctica, ocurre todo lo contrario.

Después de publicar mis videos, muchas personas me cuentan historias muy parecidas:

"Me dijo que iba a abandonar a mi perro en la calle."

"Me amenaza con llevar a mi gato a un refugio si lo dejo."

"Me dijo que, si llamo a la policía, nunca volveré a ver a mi mascota."

Para muchas personas, un perro o un gato es un verdadero miembro de la familia.

Por eso, las amenazas de hacer daño a un animal de compañía suelen convertirse en una forma muy eficaz de presión psicológica.

Quien ejerce el abuso sabe perfectamente que una persona puede soportar la violencia no solo por miedo a lo que pueda ocurrirle a ella, sino también por temor a que su mascota resulte lastimada.

Algunas víctimas retrasan durante años la decisión de abandonar una relación abusiva porque no saben adónde podrán ir con su perro o su gato.

Otras temen que, si se marchan, el animal quede bajo el cuidado de alguien que ya ha amenazado con hacerle daño.

Por esa razón, en los últimos años, la policía y los tribunales han comenzado a prestar mucha más atención a este tipo de situaciones.

Si durante una investigación se descubre que una de las personas amenazó con matar, herir, abandonar o hacer daño a una mascota, los oficiales documentarán esa información como parte del caso.

Si las amenazas llegan a cumplirse y el animal resulta lesionado o muerto, el responsable puede enfrentarse no solo a acusaciones relacionadas con la violencia doméstica, sino también a cargos independientes por maltrato animal u otros delitos, dependiendo de la legislación del estado y de las circunstancias concretas.

Existe otra situación que ocurre con mucha más frecuencia de lo que la mayoría imagina.

Algunas personas utilizan a la mascota como un medio para controlar a su pareja.

Por ejemplo, después de una separación, uno de los miembros de la pareja se niega a entregar el perro, oculta dónde se encuentra el animal o utiliza a la mascota para obligar a la otra persona a regresar al hogar.

Ese tipo de conductas no siempre constituye un delito por sí mismo.

Sin embargo, con frecuencia forma parte de un patrón de abuso psicológico y emocional que posteriormente puede ser valorado por el tribunal.

También es importante recordar el papel de las órdenes de protección.

En determinadas circunstancias, el tribunal puede tener en cuenta la existencia de mascotas al adoptar medidas destinadas a proteger a la víctima.

Si existe un riesgo real de que un animal sufra daños, es importante informar de ello a su abogado, al fiscal o al Victim Advocate.

Esa información puede ser relevante para las decisiones que adopte el tribunal.

Otro error frecuente consiste en creer que las amenazas contra una mascota nunca llegarán a cumplirse.

Lamentablemente, la experiencia demuestra que este tipo de amenazas no debe tomarse a la ligera.

Si una persona ya ha mostrado conductas crueles hacia los animales o ha manifestado claramente su intención de hacerles daño, esas circunstancias deben comunicarse a la policía.

La principal idea que quiero transmitir en este capítulo es muy sencilla.

Las mascotas también pueden convertirse en víctimas invisibles de la violencia doméstica.

Cuando alguien utiliza el vínculo afectivo con un animal para controlar, amenazar o manipular a otra persona, no se trata simplemente de un conflicto familiar.

Cuanto antes la policía y el tribunal conozcan esa situación, mayores serán las posibilidades de proteger no solo a la víctima, sino también a un ser vivo que no puede pedir ayuda por sí mismo.

Lo más importante que debe recordar

- Las mascotas son utilizadas con frecuencia como un medio de presión psicológica y de control dentro de relaciones abusivas.
- Las amenazas de hacer daño a un animal deben tomarse en serio y comunicarse a la policía.
- Si una mascota resulta lesionada o muere como consecuencia del abuso, pueden surgir responsabilidades penales adicionales.
- No oculte este tipo de amenazas a su abogado, al fiscal ni al Victim Advocate.
- La protección de su mascota puede formar parte de un plan integral para abandonar una relación peligrosa de forma segura.

CAPÍTULO 34

El llamado "síndrome de Estocolmo": por qué algunas víctimas regresan con su agresor

Después de casi todos los casos de violencia doméstica que reciben gran atención pública, aparecen comentarios muy parecidos en Internet.

"¿Por qué no se fue antes?"

"Si todo era tan grave, ¿por qué volvió?"

"Yo, en su lugar, me habría ido hace mucho tiempo."

A primera vista, estas preguntas parecen completamente lógicas.

Para quien nunca ha vivido una situación de violencia doméstica, resulta difícil comprender por qué una persona permanece al lado de alguien que la humilla, la golpea o la amenaza.

Sin embargo, la realidad suele ser mucho más compleja.

Durante mi carrera vi en numerosas ocasiones cómo, pocos días después del arresto del presunto agresor, la propia víctima intentaba volver a verlo, pedía que retiraran los cargos o aseguraba que todo había sido simplemente una discusión familiar.

Para quienes observan la situación desde fuera, ese comportamiento parece ilógico.

Algunos llegan a pensar que la víctima inventó la historia.

Otros creen que simplemente cambió de opinión.

En realidad, estas situaciones ocurren con mucha más frecuencia de lo que la mayoría imagina.

Y las razones pueden ser muy diversas.

En algunos casos, la persona sigue amando a su pareja y cree sinceramente que la violencia no volverá a repetirse.

En otros, teme quedarse sola, está preocupada por sus hijos o sabe que no podrá mantener una vivienda o sostener económicamente a su familia sin la ayuda de la otra persona.

También ocurre que la víctima simplemente no sabe adónde ir ni cómo comenzar una nueva vida.

Con frecuencia, después del incidente, el agresor cambia por completo su comportamiento.

Pide perdón.

Promete buscar ayuda profesional.

Jura que nunca volverá a ocurrir.

Hace regalos.

Se muestra cariñoso y atento.

Precisamente esa etapa lleva a muchas víctimas a creer que las cosas realmente han cambiado.

Lamentablemente, cuando la violencia ha sido repetitiva, esos cambios no siempre son permanentes.

Por eso, los especialistas en violencia doméstica suelen hablar del ciclo de la violencia, en el que los episodios de agresión son seguidos por una fase de reconciliación y, con el tiempo, el conflicto vuelve a repetirse.

Muchas personas han oído hablar del llamado "síndrome de Estocolmo".

Con frecuencia, este término se utiliza para explicar por qué una víctima parece defender a quien le ha causado daño.

Sin embargo, hoy en día muchos especialistas prefieren utilizar otro concepto: el vínculo traumático (trauma bond).

Este término describe con mayor precisión la compleja dependencia emocional que puede desarrollarse entre la víctima y el agresor, haciendo que romper la relación resulte extremadamente difícil, incluso cuando la persona comprende que esa relación es peligrosa.

Esto no significa que todas las víctimas desarrollen un vínculo traumático.

Tampoco significa que toda decisión de regresar con la pareja pueda explicarse únicamente por factores psicológicos.

Cada persona tiene su propia historia y sus propias circunstancias.

La policía, la fiscalía y los tribunales conocen bien esa realidad.

Por eso, un cambio en la actitud de la víctima rara vez sorprende a los investigadores.

Es relativamente frecuente que una persona relate detalladamente lo ocurrido y, pocos días después, solicite que el caso se cierre, deje de colaborar con la policía o afirme que los hechos ocurrieron de otra manera.

Algunas personas interpretan ese cambio como una prueba de que la denuncia era falsa.

Sin embargo, esa conclusión sería demasiado apresurada.

Durante una investigación, la policía no evalúa únicamente las declaraciones posteriores de la víctima.

También analiza todas las demás pruebas disponibles:

- fotografías de las lesiones;
- informes médicos;
- grabaciones de la llamada al 911;
- declaraciones de testigos;
- videos;
- y cualquier otra evidencia relevante.

Por esa razón, un cambio en la versión de la víctima no significa automáticamente que el proceso penal vaya a terminar.

También es importante comprender otra realidad.

Es mucho más fácil juzgar a una persona por haber regresado con su agresor que encontrarse en su misma situación.

Nadie conoce desde fuera todo lo que ha vivido, los temores que enfrenta ni las circunstancias que la mantienen en esa relación.

Por eso, los profesionales que trabajan con víctimas de violencia doméstica procuran no culpabilizarlas por sus decisiones.

Su objetivo es ayudarlas a encontrar una forma segura de salir de una situación peligrosa cuando estén preparadas para hacerlo.

La principal idea que quiero transmitir en este capítulo es muy sencilla.

Que una persona regrese con quien la maltrató no significa que la violencia nunca haya existido.

Detrás de esa decisión pueden encontrarse el miedo, la dependencia económica, los hijos, el vínculo emocional o la esperanza de que la persona amada realmente cambie.

Antes de juzgar a una víctima, vale la pena intentar comprender por qué dar el último paso para abandonar una relación peligrosa puede resultar tan difícil.

Lo más importante que debe recordar

- Es mucho más frecuente de lo que se piensa que una víctima regrese con su agresor.
- Las razones pueden ser muy diversas: amor, miedo, hijos, dependencia económica, falta de apoyo o un fuerte vínculo emocional.
- Aunque en el lenguaje cotidiano se habla del "síndrome de Estocolmo", los especialistas en violencia doméstica suelen utilizar con mayor frecuencia el concepto de vínculo traumático (trauma bond).

- Que la víctima cambie posteriormente su versión no significa automáticamente que el delito no haya ocurrido.
- Lo más importante no es juzgar a la víctima por sus decisiones, sino ayudarla a encontrar una forma segura de salir de una situación peligrosa cuando esté preparada para hacerlo.

CAPÍTULO 35

Cuando interviene el Departamento de Niños y Familias (DCF)

Muchos padres están convencidos de que:

- Si el niño no sufrió lesiones, no habrá consecuencias.
- Es un asunto familiar.
- La policía resolverá la situación y se irá.

Durante mis años como detective vi en numerosas ocasiones cómo las familias se sorprendían cuando, al día siguiente o incluso pocas horas después de un incidente de violencia doméstica, un trabajador del Departamento de Niños y Familias (Department of Children and Families, DCF) llamaba a su puerta.

Para muchos, aquello era completamente inesperado.

Sin embargo, cuando hay menores presentes en un episodio de violencia doméstica, la intervención del DCF no es algo poco común.

¿Qué es el DCF?

El Departamento de Niños y Familias (DCF) es una agencia gubernamental cuya función principal no es investigar delitos, sino proteger a los menores.

Si existen motivos para creer que un niño ha sido víctima de abuso, ha presenciado una situación peligrosa o vive en un entorno que pone en riesgo su seguridad, el DCF puede iniciar su propia investigación.

Es importante comprender que la investigación policial y la investigación del DCF son procedimientos diferentes.

Aunque el proceso penal aún no haya concluido o incluso no se hayan presentado cargos contra nadie, el DCF puede realizar su propia evaluación de la situación.

¿Cuándo puede intervenir el DCF?

Cada caso se analiza de forma individual.

No obstante, algunas de las circunstancias que con mayor frecuencia motivan una investigación son:

- violencia doméstica en presencia de menores;
- lesiones físicas sufridas por un niño;
- sospechas de maltrato infantil;
- falta de cuidados adecuados;
- condiciones de vida peligrosas;
- consumo de drogas o abuso de alcohol por parte de los padres cuando ello represente un riesgo para el menor;
- dejar a niños pequeños sin supervisión;
- reportes realizados por médicos, maestros, vecinos, la policía u otras personas sobre una posible situación de peligro.

Incluso cuando el menor no presenta lesiones físicas, la existencia de violencia doméstica recurrente puede ser suficiente para que el DCF intervenga.

¿Qué ocurre después de un reporte?

Si el reporte cumple con los requisitos establecidos por la ley, el caso es aceptado y asignado a un investigador del DCF.

A partir de ese momento, se realiza una evaluación para determinar si el menor se encuentra en un entorno seguro.

Durante la investigación, el trabajador del DCF puede:

- entrevistar a los padres;
- hablar con el menor por separado;
- inspeccionar las condiciones de la vivienda;
- solicitar registros médicos o escolares;
- comunicarse con la policía, médicos u otros profesionales;
- evaluar si existe riesgo de que vuelva a producirse una situación peligrosa.

El objetivo principal es determinar si el niño necesita medidas de protección.

¿Siempre retiran a los niños de la familia?

No.

Este es uno de los mitos más comunes.

En la mayoría de los casos, el DCF intenta que el menor pueda permanecer de forma segura con su familia.

Para lograrlo, puede ofrecer distintos servicios de apoyo, como orientación familiar, programas para padres, asesoramiento psicológico o la elaboración de un plan de seguridad.

La separación del menor de su hogar suele considerarse solo cuando existe un peligro grave e inmediato para su vida o su salud y no hay otra forma razonable de protegerlo.

¿Es conveniente colaborar con el DCF?

En muchos casos, una actitud tranquila y una colaboración de buena fe ayudan a resolver la situación con mayor rapidez.

Si ya se ha iniciado una investigación, no es recomendable ocultar información, impedir que el trabajador del DCF hable con el menor ni intentar influir en lo que el niño vaya a decir.

Si tiene dudas sobre sus derechos o sus obligaciones, lo más prudente es consultar previamente con un abogado.

Lo más importante que debe recordar

- El DCF tiene como misión proteger a los menores, no investigar delitos.
- El DCF puede iniciar una investigación aunque el proceso penal todavía no haya finalizado.
- La violencia doméstica en presencia de menores suele ser una de las razones más frecuentes para su intervención.
- Una investigación del DCF no significa automáticamente que el niño será separado de su familia.
- El objetivo principal del DCF es proteger al menor y, siempre que sea posible, mantener unida a la familia de forma segura.
- Si ya existe una investigación, colaborar de manera razonable y buscar asesoramiento jurídico oportunamente suele ayudar a evitar errores importantes.

CAPÍTULO 36

Cómo un arresto puede afectar su empleo y sus licencias profesionales

Muchas personas creen que, mientras solo exista un arresto y no una condena, no puede haber consecuencias importantes.

Desde el punto de vista legal, un arresto no significa que una persona sea culpable.

Sin embargo, en la práctica, las consecuencias pueden comenzar mucho antes de que el tribunal dicte una decisión.

Para algunas personas, un solo arresto puede poner en riesgo su empleo, su licencia profesional o incluso toda su carrera.

¿Por qué ocurre esto?

En muchas empresas y organizaciones se realizan verificaciones de antecedentes (background checks) antes de contratar a un empleado.

Algunos empleadores también llevan a cabo estas verificaciones de manera periódica sobre trabajadores que ya forman parte de la empresa.

Dependiendo del tipo de investigación, de la legislación estatal y de las circunstancias del caso, el empleador puede enterarse de un arresto, de la presentación de cargos o de una condena.

Estas situaciones suelen recibir una atención especial cuando se trata de profesiones

relacionadas con la seguridad pública, el ejercicio de funciones gubernamentales o cargos que requieren un alto nivel de confianza.

¿Quiénes corren un mayor riesgo?

Las consecuencias suelen ser más significativas para quienes trabajan en:

- fuerzas del orden;
- instituciones penitenciarias;
- fuerzas armadas;
- escuelas y centros educativos;
- hospitales y otras instituciones de salud;
- servicios de emergencia;
- organismos gubernamentales;
- bancos e instituciones financieras;
- la industria de la aviación;
- empresas de seguridad privada;
- cualquier organización que requiera verificaciones de antecedentes o autorizaciones de seguridad.

En estas profesiones, incluso el simple hecho de estar siendo investigado penalmente puede dar lugar a una investigación administrativa interna.

¿Qué ocurre con las licencias profesionales?

Muchas profesiones en los Estados Unidos requieren una licencia emitida por el estado.

Entre ellas se encuentran, por ejemplo:

- médicos;
- enfermeros;
- farmacéuticos;
- abogados;
- agentes inmobiliarios;
- agentes de seguros;
- maestros;
- guardias de seguridad;
- investigadores privados;
- y otros profesionales sujetos a licenciamiento.

Dependiendo de la legislación aplicable y de las normas de la entidad reguladora, la persona puede estar obligada a informar sobre un arresto, la presentación de cargos o una condena penal.

Después de recibir esa información, la autoridad competente puede:

- iniciar su propia investigación;
- solicitar documentación adicional;
- imponer restricciones temporales a la licencia;
- suspender la licencia;
- revocar la licencia;
- o decidir no adoptar ninguna medida.

Cada situación se evalúa de manera individual.

¿Qué sucede cuando el caso está relacionado con violencia doméstica?

Las acusaciones de violencia doméstica suelen recibir una atención especial por parte de los empleadores y de los organismos que regulan las licencias profesionales.

Esto se debe a que este tipo de cargos puede generar dudas sobre la capacidad de una persona para desempeñar determinadas funciones de forma segura, especialmente cuando el trabajo implica:

- portar armas de fuego;
- trabajar con menores;
- atender pacientes;
- cuidar a personas mayores;
- asistir a personas con discapacidad;
- proteger la seguridad pública.

En algunos casos, el empleado puede ser suspendido temporalmente mientras concluye la investigación.

¿Puede una persona perder su empleo?

Sí.

Pero no ocurre de manera automática.

Todo dependerá de factores como:

- la naturaleza de los cargos;
- las políticas del empleador;
- las condiciones del contrato de trabajo;
- la legislación aplicable;
- la existencia de una licencia profesional;
- y el resultado del proceso penal.

En algunos casos, la persona continúa trabajando sin restricciones.

En otros, puede ser suspendida temporalmente o despedida.

¿Qué hacer después de un arresto?

Si su trabajo requiere una licencia profesional, portar armas, ocupar un cargo público o está sujeto a verificaciones periódicas de antecedentes, no conviene ignorar la situación.

Consulte con un abogado lo antes posible.

Tampoco oculte la información cuando la ley o las normas de su profesión le exijan informar al empleador o a la autoridad que regula su licencia.

En muchos casos, recibir asesoramiento jurídico desde el principio puede ayudar a reducir el impacto que el caso tenga sobre su carrera profesional.

Lo más importante que debe recordar

- Un arresto no equivale a una condena, pero aun así puede afectar su empleo y su carrera profesional.
- Muchos empleadores realizan verificaciones de antecedentes tanto antes de contratar como durante la relación laboral.
- Algunas profesiones exigen informar sobre arrestos, procesos penales u otros hechos relevantes.
- Las acusaciones de violencia doméstica pueden tener un impacto especialmente importante en profesiones relacionadas con la seguridad pública, los menores, la atención médica, el servicio público o el porte de armas.
- Si su trabajo requiere una licencia profesional o una autorización especial, es recomendable consultar con un abogado lo antes posible después de un arresto.

CAPÍTULO 37

Cómo una acusación de violencia doméstica puede afectar su vida muchos años después

Cuando una persona es arrestada por primera vez, casi siempre piensa únicamente en el futuro inmediato.

¿Podré salir de la cárcel?

¿Cómo será la primera audiencia?

¿En qué terminará el proceso penal?

Es una reacción completamente normal.

Sin embargo, muchas personas no se hacen otra pregunta igual de importante:

¿Cómo afectará este caso a mi vida dentro de cinco o diez años?

Muchos creen que, una vez terminado el proceso judicial, todo queda definitivamente en el pasado.

Lamentablemente, no siempre es así.

En algunos casos, las consecuencias pueden prolongarse durante mucho más tiempo que el propio procedimiento penal.

Por ejemplo, una persona solicita un nuevo empleo y descubre que el empleador realiza una verificación de antecedentes (background check).

O decide obtener una licencia profesional, comprar un arma de fuego, solicitar un determinado beneficio o estatus migratorio, o ingresar al servicio público.

Es entonces cuando un antiguo caso penal puede volver a tener importancia.

Esto no significa que cualquier acusación cierre automáticamente las puertas a un nuevo empleo o a una profesión.

Pero sería un error creer que todas las consecuencias desaparecen cuando termina la última audiencia judicial.

En muchos sectores, los empleadores tienen derecho a realizar verificaciones de antecedentes.

Y para determinadas profesiones, esas verificaciones son obligatorias.

Esto ocurre especialmente en trabajos relacionados con:

- menores de edad;
- personas mayores;
- instituciones financieras;
- centros de salud;
- fuerzas del orden;
- cargos en el gobierno.

Además, ciertos antecedentes penales pueden afectar la obtención o la conservación de una licencia profesional.

Por ello, algunas personas que consideran que el proceso penal fue simplemente un episodio desagradable del pasado descubren, años después, que todavía puede tener consecuencias.

Existe otro error muy frecuente.

Algunas personas intentan ocultar el hecho de haber sido arrestadas o haber enfrentado un proceso penal, con la esperanza de que el empleador nunca lo descubra.

Esa decisión puede generar problemas aún mayores.

Si una solicitud de empleo formula una pregunta directa sobre sus antecedentes, lo más prudente es responder con honestidad, respetando siempre lo que establezca la ley y siguiendo el consejo de su abogado.

En ocasiones, intentar ocultar la información provoca consecuencias más graves que revelar el propio antecedente.

En un capítulo anterior hablamos sobre la posibilidad de solicitar el sellado (sealing) o la eliminación del registro (expungement), cuando la ley lo permite.

Por eso, una vez finalizado el proceso penal, conviene averiguar cuanto antes si reúne los requisitos para acogerse a alguno de esos procedimientos.

También hay otro aspecto importante: la reputación.

Hoy en día la información circula con enorme rapidez.

En ocasiones, publicaciones en Internet, antiguos artículos periodísticos o mensajes en redes sociales siguen siendo accesibles mucho tiempo después de que el caso haya concluido.

No siempre es posible eliminar ese contenido.

Sin embargo, es importante recordar que serán sus acciones futuras, más que los hechos del pasado, las que determinarán cómo lo perciben los demás.

Durante mi carrera conocí a muchas personas que, después de atravesar un período muy difícil, lograron reconstruir completamente sus vidas.

Conservaron a sus familias.

Encontraron un nuevo empleo.

Obtuvieron una educación.

Y nunca volvieron a tener problemas con la ley.

También conocí a otras.

Personas que, después del primer arresto, continuaron repitiendo los mismos errores.

Por eso, el final de un proceso penal no representa únicamente el cierre de una etapa.

Para muchas personas, es la oportunidad de comenzar una nueva etapa de una manera completamente diferente.

Ese es, probablemente, el mensaje principal de este capítulo.

La violencia doméstica no es solo una cuestión de responsabilidad penal.

Es un acontecimiento que puede influir en la carrera profesional, la familia, la reputación y muchos otros aspectos de la vida.

Cuanto antes una persona comprenda las posibles consecuencias de sus decisiones, mayores serán sus posibilidades de evitar nuevos errores y reconstruir su futuro.

Lo más importante que debe recordar

- Las consecuencias de un proceso penal pueden manifestarse muchos años después de que el caso haya terminado.
- Las verificaciones de antecedentes son frecuentes al buscar empleo, obtener licencias profesionales o acceder a cargos públicos.
- No intente ocultar información cuando la ley exija revelarla.
- Si la ley permite solicitar el sealing o el expungement, conviene averiguar lo antes posible si reúne los requisitos para hacerlo.
- Una vez concluido el proceso penal, serán sus acciones futuras las que definirán su reputación y su vida mucho más que los errores del pasado.

CAPÍTULO 38

Un plan para salir de forma segura: por qué no conviene marcharse impulsivamente

Una de las decisiones más difíciles que puede tomar una persona que vive una situación de violencia doméstica es decidir abandonar la relación.

A primera vista, parece sencillo.

Empacar algunas pertenencias.

Cerrar la puerta.

Y comenzar una nueva vida.

Sin embargo, en la práctica, ese momento suele ser uno de los más peligrosos para la víctima.

Esto no significa que no deba marcharse.

Significa que, siempre que sea posible, la salida debe planificarse con anticipación.

Después de publicar mis videos, muchas personas me hacen preguntas como:

"¿Cuál es el mejor momento para irme?"

"¿Debo avisarle a mi pareja antes de hacerlo?"

"¿Puedo regresar unos días después para recoger mis cosas?"

Lamentablemente, no existe una única respuesta válida para todos los casos.

Cada situación es diferente.

Pero hay varios principios generales que conviene conocer.

Lo primero es evitar tomar esa decisión en medio de una nueva discusión.

En esos momentos, las emociones suelen estar al máximo, las personas controlan peor sus reacciones y el comportamiento puede volverse impredecible.

Si ha decidido marcharse, trate de pensar con antelación dónde podrá quedarse, al menos durante los primeros días.

Considere quién podría ayudarle.

Cómo llegará hasta ese lugar.

Y si tiene consigo los documentos, los medicamentos, las tarjetas bancarias y el teléfono que pueda necesitar.

Muchas personas comienzan a pensar en todo esto solo después de haber salido del hogar, cuando ya no disponen del tiempo necesario para tomar decisiones con calma.

Si hay hijos de por medio

Cuando hay menores involucrados, cualquier decisión relacionada con su traslado requiere una planificación especialmente cuidadosa.

En estas situaciones no solo existen cuestiones de seguridad, sino también posibles consecuencias legales.

Por ello, si el caso es complejo, resulta recomendable obtener asesoramiento jurídico antes de tomar decisiones importantes.

Regresar por sus pertenencias

Otro error frecuente consiste en regresar solo a la vivienda para recoger objetos personales.

Muchas personas creen que el conflicto ya terminó y que podrán conversar tranquilamente.

Lamentablemente, no siempre ocurre así.

Si existe una orden de protección, una investigación penal en curso o usted teme que pueda producirse un nuevo enfrentamiento, es preferible averiguar primero cuáles son los procedimientos legales disponibles para recuperar sus pertenencias.

En muchos casos existen formas mucho más seguras de hacerlo que intentar resolver la situación por cuenta propia.

No olvide sus documentos

Procure tener preparados, en un lugar al que pueda acceder rápidamente:

- pasaporte;
- licencia de conducir;
- certificados de nacimiento de los hijos;
- documentos médicos;
- tarjetas bancarias;
- y cualquier otro documento importante.

Si no es posible conservarlos con usted, al menos haga copias o guarde versiones digitales en un lugar seguro al que solo usted tenga acceso.

Avise a una persona de confianza

Existe otro consejo que parece evidente, pero que muchas personas olvidan.

Cuéntele su situación a alguien en quien realmente confíe.

Puede ser un familiar, un amigo cercano o un compañero de trabajo.

Si otra persona conoce lo que está ocurriendo, será mucho más fácil obtener ayuda rápidamente en caso de una emergencia.

La principal idea que quiero transmitir en este capítulo es muy sencilla.

Tomar la decisión de irse suele ser el paso más difícil.

Pero hacerlo de manera segura es igual de importante.

Cuanto menos improvisada sea la decisión y mejor preparado esté su plan, mayores serán las posibilidades de evitar un nuevo episodio de violencia y comenzar una nueva etapa de su vida con mayor seguridad.

Lo más importante que debe recordar

- Si es posible, no tome la decisión de marcharse en medio de una discusión o de un episodio de violencia.
- Planifique con anticipación dónde se alojará y quién podrá ayudarle.
- Prepare sus documentos, medicamentos, teléfono y demás objetos esenciales antes de salir.

- No regrese a buscar sus pertenencias si hacerlo puede poner en riesgo su seguridad.
- Si la situación se vuelve peligrosa, busque ayuda de la policía, de un refugio para víctimas de violencia doméstica o de personas de su confianza.

CAPÍTULO 39

Victim Advocate: quién ayuda a la víctima después de llamar a la policía

Después de llamar a la policía, muchas personas creen que, a partir de ese momento, todo

quedará en manos del detective, del fiscal o del tribunal.

En realidad, esa es solo una parte del sistema.

Existe otra figura de la que muchas personas solo tienen conocimiento cuando ellas mismas se convierten en víctimas de un delito.

Se trata del Victim Advocate, un profesional especializado en brindar apoyo y orientación a las víctimas.

Después de publicar mis videos, con frecuencia recibo preguntas como:

"¿Necesito un abogado?"

"¿Quién me explicará qué va a pasar ahora?"

"¿Quién puede ayudarme con los documentos?"

"¿A dónde puedo acudir si tengo miedo de regresar a mi casa?"

Precisamente en situaciones como estas, la ayuda de un Victim Advocate puede resultar fundamental.

La función principal de este profesional no es investigar el delito ni tomar decisiones sobre el proceso penal.

Su trabajo consiste en ayudar a la víctima a comprender qué sucede después de presentar una denuncia ante la policía.

Explica cómo se desarrollará la investigación.

Informa sobre los derechos de la víctima.

Ayuda a comprender los procedimientos judiciales.

Y, cuando es necesario, pone a la persona en contacto con organizaciones que ofrecen ayuda práctica.

Por ejemplo, si alguien necesita con urgencia un lugar seguro donde alojarse, apoyo psicológico, información sobre programas de compensación para víctimas o ayuda para completar la documentación necesaria, el Victim Advocate suele ser una de las primeras personas que puede orientarlo y ayudarle a encontrar una solución.

Es muy importante entender que un Victim Advocate no es un fiscal ni un abogado que represente legalmente a la víctima.

No decide si se presentarán cargos penales.

No determina el castigo que recibirá el acusado.

Y tampoco da instrucciones al juez.

Su función consiste en acompañar a la víctima durante un momento especialmente difícil y explicarle las opciones y recursos que la ley pone a su disposición.

Otra pregunta que surge con frecuencia es:

"Si hablo con un Victim Advocate, ¿significa que el proceso penal ya no puede detenerse?"

La respuesta es no.

Hablar con este profesional no determina el resultado del proceso penal.

Su labor está orientada a brindar apoyo a la víctima, no a tomar decisiones procesales.

Por mi experiencia, puedo decir que quienes enfrentan por primera vez una situación de violencia doméstica suelen sentirse completamente desorientados.

No saben adónde acudir.

No saben qué documentos necesitarán.

Y desconocen qué ocurrirá durante los días siguientes.

En esos momentos, contar con una persona que conoce el funcionamiento del sistema y

puede explicar cada paso con calma suele ser casi tan importante como la propia intervención policial.

La principal idea que quiero transmitir en este capítulo es muy sencilla.

No tiene que enfrentar esta situación en soledad.

Si le ofrecen la ayuda de un Victim Advocate, no la rechace simplemente porque nunca antes había oído hablar de esta función.

En muchos casos, este profesional ayuda a la víctima a comprender el proceso, ejercer sus derechos y acceder a recursos cuya existencia ni siquiera conocía.

Lo más importante que debe recordar

- El Victim Advocate es un profesional de apoyo a las víctimas; no es un abogado que represente legalmente su caso.
- Su función es ayudarle a comprender la investigación y los procedimientos judiciales.
- Cuando es necesario, puede facilitar el acceso a refugios, apoyo psicológico y otros servicios para víctimas.
- No toma decisiones sobre el proceso penal ni sustituye al fiscal o al abogado.
- No dude en aceptar esta ayuda: existe precisamente para que las víctimas no tengan que enfrentar solas una situación tan difícil.

CAPÍTULO 40

Ayuda gratuita: no tiene que enfrentar esta situación solo

Después de un episodio de violencia doméstica, muchas personas quedan en una situación extremadamente difícil.

En algunos casos, abandonan el hogar con muy pocas pertenencias.

No tienen una vivienda propia.

No tienen dinero.

No tienen automóvil.

Y tampoco cuentan con familiares o amigos cercanos que puedan ayudarlas.

La situación suele ser aún más complicada para quienes llegaron recientemente a los Estados Unidos, hablan poco inglés y no saben a dónde acudir.

Precisamente de esa vulnerabilidad suele aprovecharse el agresor.

Con frecuencia dice cosas como:

"No tienes adónde ir."

"Sin mí no podrás salir adelante."

"Nadie te va a ayudar."

"En unos días volverás conmigo."

Estas frases son mucho más comunes de lo que muchas personas imaginan.

Por eso, algunas víctimas permanecen en una relación peligrosa no porque no quieran marcharse, sino porque creen que no existe otra alternativa.

La realidad es diferente.

En muchos estados existen organizaciones que ofrecen ayuda gratuita a las personas afectadas por la violencia doméstica.

Su objetivo no es únicamente proporcionar un refugio temporal.

También ayudan a que la víctima comprenda que no está sola.

Dependiendo de cada situación, es posible recibir:

- alojamiento temporal en un lugar seguro;
- apoyo de un Victim Advocate;
- orientación jurídica;
- atención psicológica;
- ayuda para elaborar un plan de salida seguro;
- información sobre las órdenes de protección;
- y referencias a otros servicios especializados cuando sea necesario.

Si hay menores de edad en la familia, también existen programas que pueden ayudar con vivienda, ropa, alimentos y otras necesidades básicas.

Otro error frecuente consiste en pensar que toda esta ayuda tiene un costo.

En muchos casos, estos servicios son gratuitos o están financiados por programas gubernamentales y organizaciones sin fines de lucro.

Por ello, la falta de recursos económicos nunca debería ser la única razón para permanecer junto a una persona violenta.

También quiero referirme al idioma.

Muchas personas tienen miedo de pedir ayuda porque no hablan bien inglés.

Hoy en día, numerosas organizaciones cuentan con intérpretes o pueden proporcionar servicios de traducción durante la atención.

Por lo tanto, la barrera del idioma no debería impedir que una persona busque protección.

Si no sabe por dónde comenzar, una buena opción es comunicarse con un Victim Advocate, con una organización local especializada en violencia doméstica o, si existe un peligro inmediato, llamar a la policía.

Allí podrán explicarle qué recursos existen en su comunidad y qué tipo de ayuda está disponible para usted.

Al final de este libro he incluido un apéndice con una lista de organizaciones federales, estatales y locales que ofrecen asistencia gratuita a las víctimas de violencia doméstica.

Encontrará números de líneas de ayuda, enlaces y otra información útil que puede resultar fundamental precisamente cuando ya no tenga tiempo ni fuerzas para buscarla por su cuenta.

La principal idea que quiero transmitir en este capítulo es muy sencilla.

El mayor error es pensar que no existe ayuda.

La ayuda existe.

Lo importante es saber dónde buscarla y no tener miedo de dar el primer paso.

Lo más importante que debe recordar

- En muchos estados, las víctimas de violencia doméstica pueden acceder gratuitamente a diversos servicios de apoyo.
- Además de un refugio seguro, es posible recibir asistencia jurídica, apoyo psicológico y ayuda práctica para comenzar una nueva etapa.
- La falta de dinero o el desconocimiento del idioma inglés no deben impedir que busque protección.
- Si no sabe por dónde empezar, comuníquese con un Victim Advocate, con una organización local de apoyo a víctimas o, si existe un peligro inmediato, llame a la policía.
- En el apéndice de este libro encontrará una lista de organizaciones y líneas de ayuda donde podrá obtener asistencia gratuita.

CAPÍTULO 41

Cómo evitar volver a encontrarse en una situación como esta

Si ha llegado hasta este capítulo, probablemente ya haya comprendido una idea fundamental:

La violencia doméstica rara vez comienza con un solo golpe.

Y también es poco frecuente que termine con un único proceso penal.

En muchos casos, antes existen meses, e incluso años, de discusiones, reproches, amenazas y resentimientos acumulados.

Poco a poco, las personas dejan de escucharse.

Cada discusión termina en gritos.

Hasta que llega el día en que alguien llama a la policía.

Por eso, la mejor manera de evitar un proceso penal no consiste en intentar ganar la siguiente discusión familiar.

Lo más inteligente es impedir que el conflicto llegue al punto en que tenga que intervenir la policía.

Por supuesto, decirlo es mucho más fácil que hacerlo.

Todas las familias atraviesan dificultades.

Los problemas económicos.

Los celos.

La infidelidad.

El consumo de alcohol.

La crianza de los hijos.

El divorcio.

La división de bienes.

Cualquiera de estas situaciones puede desencadenar un conflicto serio.

Sin embargo, durante los años que investigué este tipo de casos observé un patrón que se repetía una y otra vez.

Prácticamente ninguno de los involucrados se despertó aquella mañana pensando:

"Hoy terminaré siendo acusado de un delito."

Todos estaban convencidos de que lograrían detenerse a tiempo.

Que recuperarían el control.

Que "no iba a pasar nada grave."

Y precisamente ahí reside uno de los errores más peligrosos.

Cuando una persona siente que está perdiendo el control de sus emociones, la mejor decisión es no continuar la discusión a cualquier precio.

A veces basta con salir de la habitación.

Interrumpir la conversación.

Alejarse durante unas horas.

Darse tiempo para que ambos recuperen la calma.

Eso no es una muestra de debilidad.

Es una forma de evitar una situación cuyas consecuencias pueden cambiar la vida de toda una familia.

Con frecuencia escuché frases como:

"Pero ella me estaba provocando."

O:

"Él empezó a gritar primero."

Aunque eso sea cierto, ninguna provocación justifica el uso de la violencia.

Cada persona es responsable, ante todo, de sus propias acciones.

También quisiera mencionar el papel del alcohol.

En muchos casos de violencia doméstica que investigué, el alcohol no fue la causa del conflicto.

Pero sí fue el motivo por el cual las personas dejaron de controlar sus emociones.

Si sabe que, después de beber, las discusiones familiares se vuelven más agresivas, esa es una señal que no debe ignorar.

También es importante buscar ayuda a tiempo.

Algunas personas creen que acudir a un terapeuta familiar o a un consejero de pareja es el último intento por salvar una relación.

En realidad, el apoyo profesional suele ser mucho más útil cuando se solicita antes de que la situación llegue a un punto crítico.

Y si la relación ya se ha convertido en una sucesión constante de amenazas, humillaciones o actos de violencia, la prioridad debe ser la seguridad, no demostrar quién tiene la razón en la siguiente discusión.

Durante mi carrera conocí familias que lograron superar una crisis muy profunda y reconstruir su relación.

Pero también vi muchas otras en las que cada nuevo conflicto era más peligroso que el anterior.

Por eso, no conviene esperar que el problema desaparezca por sí solo.

Si la violencia se repite, ya no puede considerarse una simple discusión familiar.

Probablemente, esa sea la conclusión más importante de todo este libro.

La ley comienza a actuar cuando el conflicto ya ha ocurrido.

Pero muchas tragedias pueden evitarse mucho antes.

A veces basta con salir de la habitación en el momento oportuno.

Otras veces, es necesario pedir ayuda.

Y, en ocasiones, la decisión más difícil consiste en poner fin a una relación que hace mucho tiempo dejó de ser segura.

Sea cual sea la decisión que tome, debería servir para proteger la vida, la salud y la dignidad de todos los miembros de la familia.

En mi opinión, ese debe ser siempre el objetivo principal.

Lo más importante que debe recordar

- La mayoría de los procesos penales por violencia doméstica comienzan con conflictos que no se detuvieron a tiempo.
- Si siente que está perdiendo el control, lo más prudente es interrumpir la discusión y retomarla cuando ambos estén calmados.
- Las provocaciones, los celos o el consumo de alcohol nunca justifican el uso de la violencia.
- No tenga miedo de buscar ayuda profesional antes de que la situación llegue a un punto crítico.
- La mejor manera de evitar un proceso penal es impedir que un conflicto familiar termine convirtiéndose en un delito.

CAPÍTULO 42

Conclusión. Lo más importante que quiero dejarle

Si ha llegado hasta el final de este libro, ya ha dado el paso más importante: comenzar a comprender un tema sobre el que muchas personas solo aprenden cuando ya es demasiado tarde.

Durante mis 23 años como detective, investigué cientos de casos de violencia doméstica.

Y con el paso del tiempo observé un patrón que se repetía constantemente.

La mayoría de las personas que terminaron involucradas en un proceso penal, ya fuera como víctimas o como acusadas, jamás imaginaron que algún día esa situación les ocurriría a ellas.

Algunas estaban convencidas de que una simple discusión familiar nunca podría terminar con un arresto.

Otras soportaron años de violencia con la esperanza de que todo cambiara por sí solo.

Y muchas desconocían sus derechos, lo que las llevó a cometer errores que solo empeoraron su situación.

Escribí este libro con un único propósito: ayudar a que esos errores sean menos frecuentes.

Mi intención nunca fue asustarlo con las leyes de los Estados Unidos.

Mi objetivo fue mucho más sencillo.

Explicar, con un lenguaje claro y accesible, cómo funciona el sistema, qué puede esperar después de llamar a la policía y qué decisiones pueden ayudarle a protegerse a usted y a su familia.

Lo más importante que quiero que recuerde

- La violencia doméstica rara vez comienza con un delito grave. En la mayoría de los casos empieza con el control, las amenazas, las humillaciones y un primer episodio de violencia que queda sin consecuencias.
- No espere que el problema desaparezca por sí solo. Sin una intervención oportuna, la situación suele volverse cada vez más peligrosa.
- Nunca oculte los hechos de violencia por miedo, vergüenza o sentimiento de culpa.
- Si usted es víctima, busque ayuda lo antes posible. Cuanto antes actúe, mayores serán las posibilidades de protegerse a usted y a sus hijos.
- Si está siendo investigado, no intente resolver el problema por su cuenta. No destruya pruebas, no presione a los testigos y no viole las órdenes judiciales. Cuando sea necesario, consulte cuanto antes con un abogado calificado.
- Si hay hijos en la familia, recuerde que ellos también son víctimas, aunque nunca hayan recibido un golpe. La violencia doméstica puede dejar consecuencias emocionales que duren muchos años.

Quisiera pedirle una última cosa.

Si este libro le ayudó a comprender mejor la ley, a evitar un error o a tomar una decisión acertada, recomiéndelo a otras personas que también puedan beneficiarse de esta información.

Tal vez, algún día, este conocimiento ayude a alguien a evitar un arresto, proteger a un hijo, preservar a una familia o encontrar el valor para salir a tiempo de una relación verdaderamente peligrosa.

Cuídese mucho.

Y cuide también de quienes más quiere.

Gera Sheriff

APÉNDICE 1

Principales fuentes utilizadas para la elaboración de este libro

Este libro se basa en la experiencia profesional del autor, en la legislación vigente de los

Estados Unidos, en las interpretaciones oficiales de organismos gubernamentales, en la jurisprudencia y en materiales publicados por agencias de seguridad pública.

Dado que las leyes y los criterios de los tribunales pueden cambiar con el tiempo, antes de tomar cualquier decisión con consecuencias jurídicas es recomendable consultar siempre la información más actualizada en las fuentes oficiales correspondientes.

Legislación federal y organismos gubernamentales

- Constitución de los Estados Unidos de América (United States Constitution).
- United States Code (U.S. Code).
- U.S. Department of Justice (DOJ).
- Office on Violence Against Women (OVW).
- Federal Bureau of Investigation (FBI).
- U.S. Department of Homeland Security (DHS).
- U.S. Citizenship and Immigration Services (USCIS).
- Executive Office for Immigration Review (EOIR).

Los materiales publicados por estas instituciones se utilizaron para explicar aspectos relacionados con el derecho penal, la violencia doméstica, los programas migratorios—incluida la VAWA— y los derechos de las víctimas.

Legislación del estado de Florida

- Florida Statutes, Capítulo 741 (Domestic Violence).
- Florida Statutes, Capítulo 39 (protección de menores y programas de asistencia a víctimas).
- Online Sunshine, el portal oficial de la Legislatura del Estado de Florida.

Estas fuentes sirvieron de base para los capítulos relacionados con la violencia doméstica, las órdenes de protección (Injunctions), las facultades de la policía, los asuntos relacionados con menores y el funcionamiento de los centros de apoyo a víctimas.

Sistema judicial de Florida

- Florida Courts.
- Domestic Violence Benchbook.
- Benchbooks & Court Guides.
- Domestic Violence Court Information System.
- Formularios oficiales e información sobre las órdenes de protección (Injunctions).

Estos materiales se utilizaron para elaborar los capítulos dedicados a las órdenes de protección, los procedimientos judiciales, el estrangulamiento (strangulation), el acoso persistente (stalking), la violencia sexual, la violencia en relaciones de pareja (dating violence) y otros temas relacionados con la violencia doméstica.

Organismos encargados de hacer cumplir la ley

Durante la preparación de este libro también se consultaron materiales oficiales y recomendaciones de las siguientes instituciones:

- Broward Sheriff's Office (BSO).
- Florida Department of Law Enforcement (FDLE).
- Federal Bureau of Investigation (FBI).
- U.S. Department of Justice (DOJ).

Estos recursos fueron utilizados para describir los procedimientos de investigación, las actuaciones policiales, el trabajo de los detectives, la recopilación de pruebas y la protección de los derechos de las víctimas.

Recursos sobre protección y asistencia a las víctimas

Asimismo, se consultaron materiales oficiales de programas federales y estatales de apoyo a víctimas, incluidas las publicaciones del U.S. Department of Justice, la Office on Violence Against Women (OVW) y el sistema judicial de Florida.

Estas fuentes sirvieron de base para explicar los derechos de las víctimas, las órdenes de protección, los programas de asistencia y la cooperación con las autoridades.

Aviso importante

Este libro tiene un propósito exclusivamente informativo y educativo.

No constituye asesoramiento jurídico ni sustituye la consulta con un abogado debidamente autorizado para ejercer en la jurisdicción correspondiente.

Aunque la información presentada se basa en fuentes oficiales y en la experiencia profesional del autor, las leyes de los Estados Unidos evolucionan constantemente y su aplicación depende de las circunstancias particulares de cada caso y de la legislación vigente en cada estado.

APÉNDICE 2

Organizaciones que brindan ayuda en casos de violencia doméstica en los Estados Unidos

Si usted o un ser querido está viviendo una situación de violencia doméstica, no enfrente este problema solo.

En todos los estados de los Estados Unidos existen organismos gubernamentales y organizaciones sin fines de lucro que ofrecen ayuda gratuita para proteger a las víctimas, proporcionar orientación legal, encontrar alojamiento temporal y ayudar a planificar los pasos siguientes.

National Domestic Violence Hotline

La principal línea nacional de ayuda para víctimas de violencia doméstica.

Teléfono: 1-800-799-7233 (SAFE)

Mensaje de texto: Envíe START al 88788

Idiomas: inglés, español y más de 200 idiomas mediante servicios de interpretación.

Servicios:

- atención las 24 horas del día;
- ayuda gratuita y confidencial;

- planificación de seguridad;
- referencias a refugios y recursos locales.

VictimConnect Resource Center

Centro federal de apoyo para víctimas de cualquier tipo de delito.

Teléfono: 1-855-484-2846 (1-855-4-VICTIM)

Mensajes de texto: 1-855-484-2846

Chat en línea: disponible las 24 horas.

Servicios:

- información sobre los derechos de las víctimas;
- localización de organizaciones de apoyo en su comunidad;
- orientación sobre recursos legales y sociales.

Victim Advocate

En la mayoría de los departamentos de policía, fiscalías y tribunales trabajan profesionales conocidos como Victim Advocates, especializados en el apoyo a las víctimas.

Pueden ayudarle a:

- comprender sus derechos;
- prepararse para las audiencias judiciales;
- obtener información sobre programas de compensación para víctimas;
- encontrar un refugio seguro;

- comunicarse con organizaciones que ofrecen asistencia jurídica gratuita;
- elaborar un plan de salida seguro.

Puede solicitar la información de contacto de un Victim Advocate en el departamento de policía, la fiscalía o el tribunal que lleva su caso.

Refugios para víctimas de violencia doméstica (Domestic Violence Shelters)

En prácticamente todos los condados de los Estados Unidos existen refugios especializados para personas que necesitan abandonar de inmediato un entorno peligroso.

Estos refugios suelen ofrecer:

- alojamiento temporal seguro;
- alimentos;
- apoyo para los hijos;
- atención psicológica;
- acompañamiento durante los procedimientos judiciales;
- ayuda para recuperar documentos personales;
- asistencia para encontrar empleo y vivienda.

Por razones de seguridad, la ubicación de la mayoría de estos refugios no se hace pública.

Puede obtener información sobre el refugio más cercano a través de la National Domestic Violence Hotline, VictimConnect o del departamento de policía local.

Florida Domestic Violence Hotline

Si el incidente ocurrió en el estado de Florida, también puede solicitar ayuda a través de la línea estatal de asistencia para víctimas de violencia doméstica.

Teléfono: 1-800-500-1119

TTY: 711 o 1-800-955-8771

Idiomas: inglés, español y criollo haitiano.

Florida Abuse Hotline

Si un menor, una persona mayor o cualquier otro adulto vulnerable se encuentra en riesgo de sufrir abuso, negligencia o explotación, debe comunicarse con la Florida Abuse Hotline.

Teléfono: 1-800-962-2873

La línea funciona las 24 horas del día y recibe denuncias relacionadas con:

- abuso infantil;
- negligencia;
- explotación de menores;
- abuso, negligencia o explotación de adultos vulnerables.

Aviso importante

Si existe un peligro inmediato para la vida o la integridad física de una persona, llame al 911 de inmediato.

No espere la respuesta de organizaciones comunitarias cuando se trate de una emergencia.

Una vez controlada la situación de peligro, las organizaciones mencionadas en este apéndice podrán ayudarle con el apoyo jurídico, práctico y emocional que necesite.

APÉNDICE 3

Glosario inglés-español de términos jurídicos

Violencia doméstica

Domestic Violence – violencia doméstica.

Dating Violence – violencia en una relación de pareja.

Intimate Partner Violence – violencia ejercida por la pareja íntima. Domestic Battery – agresión física contra un familiar o pareja.

Battery – agresión física (uso intencional e ilegal de la fuerza contra otra persona). Assault – amenaza de violencia física inminente.

Aggravated Battery – agresión física agravada.

Aggravated Assault – amenaza agravada o agresión agravada.

Domestic Battery by Strangulation – agresión doméstica por estrangulamiento. Strangulation – estrangulamiento.

Stalking – acoso persistente. Cyberstalking – ciberacoso.

Aggravated Stalking – acoso persistente agravado. False Imprisonment – privación ilegal de la libertad. Kidnapping – secuestro.

Criminal Mischief — daños intencionales a la propiedad. Witness Tampering — manipulación o intimidación de testigos. Threat — amenaza.

Credible Threat — amenaza creíble. Coercive Control — control coercitivo. Economic Abuse — abuso económico. Financial Control — control financiero. Emotional Abuse — abuso emocional. Psychological Abuse — abuso psicológico. Child Abuse — maltrato infantil.

Child Neglect — negligencia infantil.

Animal Cruelty — crueldad hacia los animales.

Trabajo policial

911 — servicio de emergencias 911. Dispatch — centro de despacho policial.

Law Enforcement Officer — agente del orden público. Deputy Sheriff — ayudante del sheriff.

Detective — detective.

Body-Worn Camera (Body Cam) — cámara corporal policial. Incident Report — informe policial.

Supplemental Report — informe complementario. Probable Cause — causa probable.

Reasonable Suspicion — sospecha razonable. Primary Aggressor — agresor principal.

Dual Arrest — arresto de ambas partes. Arrest — arresto.

Detention — detención temporal. Custody — custodia policial.

Booking — registro y procesamiento tras el arresto. Mugshot — fotografía policial.

Search Warrant — orden judicial de registro. Arrest Warrant — orden judicial de arresto.

Consent to Search — consentimiento para registrar.

Exigent Circumstances — circunstancias de urgencia.

Pruebas

Evidence — pruebas.

Physical Evidence — pruebas físicas. Digital Evidence — pruebas digitales. Medical Records — historial médico. Surveillance Video — video de vigilancia. Chain of Custody — cadena de custodia. Statement — declaración.

Voluntary Statement — declaración voluntaria. Interrogation — interrogatorio.

Interview — entrevista.

Discovery — divulgación de pruebas (discovery). Hearsay — prueba de referencia (hearsay).

Derechos del sospechoso

Miranda Rights — derechos Miranda. Miranda Warning — advertencia Miranda.

Right to Remain Silent — derecho a guardar silencio. Right to Counsel — derecho a un abogado.

Self-Incrimination — autoincriminación.

Fourth Amendment — Cuarta Enmienda de la Constitución de los Estados Unidos. Fifth Amendment — Quinta Enmienda.

Sixth Amendment — Sexta Enmienda.

Sistema judicial

Misdemeanor — delito menor. Felony — delito grave.

Charge — cargo penal. Defendant — acusado. Victim — víctima.

Petitioner — solicitante. Respondent — demandado. Prosecutor — fiscal.

Public Defender — defensor público. Private Attorney — abogado particular.

Victim Advocate — especialista en apoyo a las víctimas.

First Appearance — primera comparecencia judicial tras el arresto. Arraignment — lectura formal de cargos.

Plea Bargain — acuerdo de culpabilidad con la fiscalía.

Trial — juicio.

Jury — jurado.

Judge – juez.

Sentence – sentencia.

Probation – libertad condicional supervisada.

Beyond a Reasonable Doubt – más allá de toda duda razonable.

Órdenes de protección

Restraining Order – orden de restricción. Protective Order – orden de protección.

Injunction – orden judicial de protección (injunction).

Injunction for Protection Against Domestic Violence – orden de protección contra la violencia doméstica.

Temporary Injunction – orden temporal de protección. Final Injunction – orden definitiva de protección.

Dating Violence Injunction – orden de protección por violencia en una relación de pareja. Stalking Injunction – orden de protección por acoso persistente.

No Contact Order – orden de no contacto.

Violation of Injunction – incumplimiento de una orden de protección.

Legítima defensa

Self-Defense — legítima defensa.

Defense of Others — defensa de otra persona. Reasonable Force — fuerza razonablemente necesaria. Deadly Force — fuerza letal.

Imminent Threat — amenaza inminente.

Stand Your Ground — derecho a no retirarse (Stand Your Ground). Castle Doctrine — doctrina del castillo.

Menores

Department of Children and Families (DCF) — Departamento de Niños y Familias de Florida. Child Protective Services (CPS) — Servicios de Protección Infantil.

Mandatory Reporter — denunciante obligatorio. Safety Plan — plan de seguridad.

Child Custody — custodia de menores. Parenting Plan — plan de crianza.

Inmigración

VAWA — Ley sobre la Violencia contra la Mujer (Violence Against Women Act). VAWA Self-Petition — autopetición bajo la VAWA.

U Visa — visa U para determinadas víctimas que colaboran con las autoridades. Green Card — residencia permanente (Green Card).

USCIS — Servicio de Ciudadanía e Inmigración de los Estados Unidos.

Antecedentes penales

Criminal Record – antecedentes penales. Background Check – verificación de antecedentes.

Expungement – eliminación legal del registro penal, cuando la ley lo permite. Sealing – sellado del expediente judicial (acceso restringido conforme a la ley).

www.ingramcontent.com/pod-product-compliance
Lightning Source LLC
LaVergne TN
LVHW010740061126
851857LV00014B/1571

* 9 7 9 8 2 3 4 1 6 8 6 4 1 *